从业指南
自学宝典

旅行社门市服务实训教程

谢俊琳 主编

北京·旅游教育出版社

旅行社门市服务实训教程编委会

主　编｜谢俊琳

副主编｜陈坚敏　梅春兰
（编委）｜曾秋红　范　佳

二维码工具箱
使用说明

　　本教材是旅行社门市接待岗位的从业指南和自学宝典,也是行业从业人员出团、带团的移动小秘书。书中收集整理和设计制作了与旅行社业务息息相关的法律法规,合同示范文本,免签国家列表,签证样表,出团前的行前说明会流程及说明内容列表,海关申报单样张,以及旅游行程结束后的游客满意度调查表等丰富而翔实的工作文件及表格。

　　该部分内容是教材内容的有效补充和课外延伸,以二维码形式供读者下载使用。各业务环节的从业人员可将其保存在手机里,随时备查,随时打印,带着移动小秘书上班和出团。

二维码工具箱资源索引:
1. 旅行社《员工手册》/ 4
2. 中华人民共和国旅游法全文 / 24
3. 旅行社条例 / 26
4. 杭州市单项委托合同(示范文本)/ 47
5. 团队境内旅游合同(示范文本)/ 49
6. 旅游出行安全告知书 / 51
7. 中国护照互免签证国家 / 54
8. 单方面允许中国公民免签入境国家和地区 / 54
9. 单方面允许中国公民办理落地签证国家和地区 / 55
10. 赴日签证申请样表 / 61
11. 证件遗失说明模板 / 61
12. 教育部直属高校名单 / 61
13. 内地居民往来港澳地区申请表样表 / 62
14. 团队出境旅游合同(示范文本)/ 63
15. 大陆居民赴台湾地区旅游合同(示范文本)/ 63
16. 旅行社行前说明内容 / 65
17. 出境行程说明会组织流程图 / 66
18. 旅行社行前说明服务规范 / 66
19. 海关申报单样张 / 73
20. 旅行社服务对象满意度调查表电子版 / 77
21. 国家旅游局旅游投诉处理办法 / 82

希望借助二维码工具箱,使其成为您工作中的"移动小秘书"。

旅游教育出版社

旅行社门市服务
二维码工具箱

目　录

项目一　门市认知

实训 1：熟悉门市工作 ··· 1
  实训准备 ··· 1
  实训目标 ··· 1
  实训任务 ··· 1
  知识加油站 ··· 2
    知识点 1：旅行社门市 ·· 2
    知识点 2：门市工作内容 ·· 2
  所需技能 ··· 3
    技能 1：快速熟悉门市陈列产品的内容 ·· 3
    技能 2：快速融入工作环境 ·· 3
  拓展提高 ··· 4
    拓展 1：了解旅行社规章制度 ·· 4
  实训练习 ··· 5
    练习 1：仪容仪表检查 ·· 5
    练习 2：仪态训练 ·· 5
    练习 3：熟悉旅行社规章制度 ·· 5

实训 2：准备工作实训 ··· 5
  实训准备 ··· 5
  实训目标 ··· 5
  实训任务 ··· 5
  知识加油站 ··· 6
    知识 3：语言礼仪 ·· 6
    知识 4：电话礼仪 ·· 6
  所需技能 ··· 6
    技能 3：办公技能 ·· 6
    技能 4：快速抓取信息并记录的技能 ·· 7
    技能 5：记忆各产品特点的能力 ·· 7

拓展提高··7
    拓展2：各个季节旅游热点概况知识···7
    拓展3：主题旅游热点概况知识···8
    拓展4：经典旅游线路···9
实训练习···10
    练习4：语言礼仪训练···10
    练习5：电话礼仪训练···10
    练习6：信息抓取训练···11

实训3：迎候门市游客···12
  实训准备···12
  实训目标···12
  实训任务···12
  知识加油站···12
    知识5：旅游产品类型···12
    知识6：旅游产品六要素··12
  所需技能···13
    技能6：判别入店客人···13
    技能7：招呼客人···14
  实训练习···14
    练习7：招呼问候客人···14
    练习8：判别入店需求···14
    练习9：练习规范用语···15

项目二　咨询接待

实训4：现场咨询··17
  实训准备···17
  实训目标···17
  实训任务···17
  知识加油站···17
    知识7：现场咨询···17
    知识8：咨询游客的类型··18
  所需技能···18
    技能8：现场咨询···18
    技能9：提取信息···20
  拓展提高···20
    拓展5：了解不同的旅游产品类型··21
    拓展6：相关旅游政策法规知识···21
    拓展7：旅游交通知识···26
  实训练习···27
    练习10：完成情景对话··27
    练习11：提问训练··28

　　　　练习 12：消除游客顾虑 ··· 29
实训 5：电话咨询 ·· 29
　　实训准备 ··· 29
　　实训目标 ··· 29
　　实训任务 ··· 29
　　知识加油站 ·· 30
　　　　知识 9：电话咨询服务流程 ··· 30
　　　　知识 10：接听电话注意事项 ·· 31
　　所需技能 ··· 31
　　　　技能 10：服务跟进 ··· 31
　　　　技能 11：记录、整理信息 ··· 31
　　实训练习 ··· 31
　　　　练习 13：咨询案例分析 ·· 31
　　　　练习 14：对话练习 ··· 32
实训 6：其他咨询 ·· 33
　　实训准备 ··· 33
　　实训目标 ··· 33
　　实训任务 ··· 33
　　知识加油站 ·· 33
　　　　知识 11：信函咨询 ··· 33
　　　　知识 12：网络咨询 ··· 34
　　所需技能 ··· 35
　　　　技能 12：撰写信函 ··· 35
　　实训练习 ··· 35
　　　　练习 15：撰写信函 ··· 35
　　　　练习 16：发送传真 ··· 35

项目三　产品推介

实训 7：团队产品推介 ·· 36
　　实训准备 ··· 36
　　实训目标 ··· 36
　　实训任务 ··· 36
　　知识加油站 ·· 36
　　　　知识 13：团队旅游产品推介服务流程 ·· 36
　　所需技能 ··· 37
　　　　技能 13：报价计算 ··· 37
　　拓展提高 ··· 38
　　　　拓展 8：识别游客购买产品的信号 ··· 38
　　实训练习 ··· 38
　　　　练习 17：报价计算 ··· 38
　　　　练习 18：模拟需求完成对话 ·· 38

实训 8：散客产品推介 39
实训准备 39
实训目标 39
实训任务 40
知识加油站 40
知识 14：散客产品推介流程 40
所需技能 40
技能 14：赞美游客 40
技能 15：价格解析 40
拓展提高 41
拓展 9：不同类别游客的产品购买倾向 41
实训练习 42
练习 19：赞美练习 42
练习 20：判断旅游产品的适应人群 42

实训 9：旅游产品促销 42
实训准备 42
实训目标 42
实训任务 42
知识加油站 43
知识 15：微信公众号的使用 43
所需技能 43
技能 16：撰写文案 43
拓展提高 44
拓展 10：新春迎新亲子趣味定向活动策划方案 44
实训练习 45
练习 21：练习写促销文案 45
练习 22：在微信公众号上推送促销广告 45

项目四　手续办理

实训 10：委托代办手续 46
实训目标 46
实训任务 46
知识加油站 46
知识 16：旅行社代办业务 46
知识 17：旅行社代办业务的构成 46
所需技能 47
技能 17：委托代办 47
拓展提高 47
拓展 11：旅行社单项委托服务 47
实训练习 47
练习 23：签订委托代办合同 47

　　　　练习 24：完成情景对话 ··· 47
实训 11：办理国内旅游手续 ··· 48
　　实训准备 ··· 48
　　实训目标 ··· 48
　　实训任务 ··· 48
　　知识加油站 ·· 48
　　　　知识 18：国内旅游服务 ··· 48
　　　　知识 19：旅游服务合同 ··· 48
　　　　知识 20：旅游保险知识 ··· 48
　　　　知识 21：旅游费用支付相关知识 ·· 49
　　所需技能 ··· 49
　　　　技能 18：办理国内旅游手续 ·· 49
　　拓展提高 ··· 49
　　　　拓展 12：2014 版《团队境内旅游合同（示范文本）》 ···················· 49
　　　　拓展 13：《旅游出行安全告知书》 ·· 50
　　实训练习 ··· 51
　　　　练习 25：填写国内旅游合同 ·· 51
　　　　练习 26：签订合同情景对话练习 ·· 51
实训 12：办理出境旅游手续 ··· 52
　　实训准备 ··· 52
　　实训目标 ··· 52
　　实训任务 ··· 52
　　知识加油站 ·· 52
　　　　知识 22：出境旅游合同 ··· 52
　　　　知识 23：护照 ·· 52
　　　　知识 24：签证 ·· 53
　　所需技能 ··· 57
　　　　技能 19：护照办理 ··· 57
　　　　技能 20：出境签证办理 ··· 60
　　　　技能 21：港澳通行证与签注的办理 ··· 61
　　拓展提高 ··· 62
　　　　拓展 14：2014 版《团队出境旅游合同（示范文本）》 ···················· 62
　　　　拓展 15：大陆居民赴台旅游合同示范文本 ··································· 63
　　实训练习 ··· 63
　　　　练习 27：模拟完成出境合同签订情景对话 ··································· 63
　　　　练习 28：收集各国签证费用资料 ·· 63
实训 13：安排行前通知说明 ··· 63
　　实训目标 ··· 63
　　实训任务 ··· 63
　　知识加油站 ·· 64
　　　　知识 25：行前通知的内容 ··· 64

所需技能 ·· 65
　　　　技能22：国内游行前通知单的制作与发放 ·· 65
　　　　技能23：组织出境游行前说明会 ··· 65
　　拓展提高 ·· 66
　　　　拓展16：出境游行前通知单 ··· 66
　　实训练习 ·· 74
　　　　练习29：角色扮演 ··· 74
　　　　练习30：收集行前通知单 ·· 74

项目五　售后服务

实训14：客户回访 ·· 75
　　实训准备 ·· 75
　　实训目标 ·· 75
　　实训任务 ·· 75
　　知识加油站 ··· 75
　　　　知识26：客户回访 ··· 75
　　所需技能 ·· 77
　　　　技能24：电话客户回访 ··· 77
　　实训练习 ·· 78
　　　　练习31：游客回访情景问答 ·· 78

实训15：投诉处理 ·· 79
　　实训准备 ·· 79
　　实训目标 ·· 79
　　实训任务 ·· 79
　　知识加油站 ··· 79
　　　　知识27：游客投诉 ··· 79
　　所需技能 ·· 81
　　　　技能25：掌握接待投诉技巧 ·· 81
　　拓展提高 ·· 82
　　　　拓展17：投诉处理办法 ··· 82
　　实训练习 ·· 82
　　　　练习32：接待投诉对话练习 ·· 82
　　　　练习33：判断客户投诉内容 ·· 83

后　记 ··· 84

项目一　门市认知

门市部门是旅行社对外营业的窗口，它代表着旅行社的形象。

旅游者与旅行社在这里第一次"会面"，第一次接触了解旅行社产品。旅行社给旅游者的第一印象，也是通过门市工作人员的言行举止传递出去积极或消极的信号。在门市部门工作，需要注意个人形象，懂得沟通技巧，给人专业、干练、值得信任的印象，提供及时到位的服务。

实训1：熟悉门市工作

实训准备

1. 仪容仪表要求

①成为一名职业人，着装首先要符合工作要求。
②旅行社门市工作人员一般要求着正装，整体形象应干净整洁，给人干练、专业的印象。
③着装要求：夏季上装以浅色衬衫为好，下装为深色，如是裙子，宜到膝盖处，或穿长裤。其他季节可以考虑全套西装配皮鞋。

2. 仪态要求

门市部门是旅行社对外形象的窗口，工作人员挺拔的站姿，精神的坐姿，自信的走姿，能给来访的游客留下美好的印象。

实训目标

①知道调整自己的仪容、仪态以适应工作环境。
②了解自己的工作内容，知道如何快速熟悉工作环境，掌握工作内容。
③熟悉旅行社工作规章制度，知道自己的职责所在。

实训任务

小陈获得了去旅行社实习的机会，她马上就要从一个学生蜕变成一个社会人了。新的环境让她感到有些紧张。作为一个新人，必须快速熟悉环境，了解工作内容，尽快上岗开始工作。在开始工作前，小陈必须对自己所从事的门市工作进行一番准备。

知识加油站

知识点1：旅行社门市

旅行社门市是为前来问询旅游产品的游客提供旅游咨询、介绍推销旅游产品、代办相关手续的场所。

知识点2：门市工作内容

①迎接客人：及时向到店客人打招呼，表示欢迎；观察、询问、判断并了解游客意向；根据了解到的情况，提供相应的服务或将客人引领至不同的服务区。

②咨询服务：通过现场问询、电话问询、网络问询、信函问询等不同途径，解答游客提出的问题，记录下游客的需求和联系方式，并定期汇总游客需求，为旅行社紧跟市场需要提供参照。

③产品推介：根据游客的需要，有针对性地推介本社的产品和其他服务。抓住游客的需求点，有效使用图片、数据等信息促成游客的购买行为。

④手续办理：游客做出购买决定后，由门市工作人员为游客办理相关手续，签订旅游合同、收受付款、开具收据或发票、签订业务委托书、办理签证。

⑤出行通知：旅游团出行前，通过发送短信、邮件、传真等形式将旅行信息告知旅游者。

⑥售后服务（回访、投诉）：游客结束旅游返回出发地后，通过电话沟通、上门拜访等方式及时做好回访工作。对优质客户，则要不定期回访，加强联系，构建旅行社的客户资源体系。对于在旅游过程中出现的问题游客进行投诉的，则做好接待和记录，转交相关部门。

所需技能

技能1：快速熟悉门市陈列产品的内容

熟悉本社的旅游产品，知道如何查询相关产品，这样就能为前来咨询的游客提供充分而及时的服务。

旅行社产品分为两大类，一类是自主设计的产品，另一类是由各类供应商提供的产品。门市工作人员应熟知不同类型、不同线路、适合不同消费人群的旅游产品特点。

技能2：快速融入工作环境

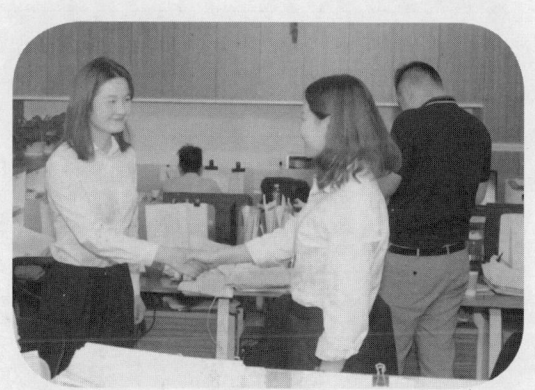

熟悉本社的管理规章制度，适时调整自己的工作状态；与同事和谐相处；工作中遇到问题时应及时向有经验的员工或上级主管询问，不可不懂装懂，尤其是与工作业务有关的事项，一定要多向他人请教，不要自己解决。

拓展提高

拓展 1：了解旅行社规章制度

旅行社《员工手册》		
第一章　劳动条例	1. 聘用原则 2. 体检要求 3. 劳动合同 4. 试用期	5. 入职手续 6. 工作时间 7. 晋升与调职 8. 辞职与离职
第二章　薪酬与福利	1. 工资 2. 个人所得税 3. 奖励/奖金 4. 法定节假日 5. 年休假 6. 病假 7. 事假 8. 婚假	9. 产假 10. 慰唁假 11. 工伤 12. 退休 13. 社保及住房公积金 14. 员工活动 15. 员工人事档案
第三章　员工培训与发展	1. 入职培训 2. 技能培训	3. 培训与发展 4. 培训费用
第四章　公司规章制度	1. 服从安排 2. 上下班制度 3. 个人信息记录 4. 工作牌 5. 仪容仪表 6. 工作服 7. 考勤制度 8. 请假与调休 9. 财物的领用、保管与归还	10. 办公用品 11. 公司通告、信息发布 12. 私人电话、信件及来访 13. 严禁赌博等违法行为 14. 索贿与受贿 15. 公众传媒与保密文件 16. 薪资保密规定 17. 部门规则
第五章　处分与申诉	1. 种类与适用 2. 处分流程	3. 纠正预防措施处理单 4. 申诉程序
第六章　安全与消防	1. 安全守则 2. 消防措施 3. 意外事件	4. 工作安全要求 5. 应急处理小组名单
第七章　附则	1.《员工手册》的规定与使用 2.《员工手册》的修改与补充	3.《员工手册》的解释权

具体规定都在这里

> 实训练习

> 练习1：仪容仪表检查

要求着衬衫、西裤，女生佩戴领结或者丝巾，男生佩戴领带。夏季穿短袖衬衫，女生可穿裙装。其他季节，根据室温，可穿西装。鞋子应穿皮鞋，以深色为主。衬衫下摆应束进裤装里，男生裤装宜配皮带。

发型整洁、干净，不遮挡脸部，可披发，或束马尾。女生可适当化淡妆。

> 练习2：仪态训练

①站姿训练：女生两脚脚跟并拢，两腿两膝并严，丁字步站立。男生两脚脚跟并拢，两腿两膝并严，脚尖分开站立。腰背挺直，双手握放于腹部或垂放于身体两边。

②走姿训练：保持基本站姿，腰背挺直。起步时身体稍向前。身体重心落在前脚掌，膝盖挺直。两臂以身体为重心，前后自然摆动，前摆约35度，后摆约15度。步幅适度，步幅一般为小臂长度，女性约30厘米，男性约40厘米。

③坐姿训练：坐满椅子的2/3，腰背挺直；小腿自然垂下，与地面垂直；双手交叠放于腿部。

④引领训练：站位于游客的侧前方，如是左前言，则用左手引领。引领时，手臂带动小臂向前抬起，指示前进方向。

⑤微笑训练：张口微笑时露出约6至8颗牙，闭口微笑时嘴角微微上扬。

> 练习3：熟悉旅行社规章制度

入乡要随俗，来到新单位就要多了解一些新单位的规章制度，用最快的速度适应新生活。首先要了解企业的作息时间，迟到早退是大忌。其次要清楚自己的工作内容，同时也要知道其他部门在做什么。既要与他们保持距离，又要清楚自己的工作内容与其他部门有哪些地方是有联系的。

实训2：准备工作实训

> 实训准备

①着装准备：按仪容仪表要求着装。
②必要的办公用品：连接网络的电脑，固定电话机，记录单，水笔。
③旅游产品资料：当季旅游产品，包括短途、长途、境内、境外游各数份。

> 实训目标

①道门市部门工作人员具备的礼仪规范要求。
②掌握门市服务人员门市工作的办公技能。
③熟悉门市旅游产品的信息和相关内容。

> 实训任务

小陈已经熟悉了旅行社的环境，马上就要开始第一天的工作了。在开始工作前，为了保证工作中不出现失误，小陈需要对工作中用到的用品和资料进行准备。工作前的准备越充分，操作越熟练，工作中出现的问题就会越少。当然，熟练而专业的操作，也能给游客留下值得信任的印象。

知识加油站

知识3：语言礼仪

①接待问候语：游客前来，需使用礼貌用语，及时问候，并询问游客需求。例如"您好，有什么可以帮到您的？"

②适当的称呼：根据游客的性别、年龄、职业而使用不同的称呼。初次见面，应表示尊重，称呼女士、先生。获知对方姓氏和职业之后，可以称呼对方"姓氏+职业"或者"姓氏+先生/女士"。

③普通话的使用：与非本地客人交谈时，不能使用本地方言和口头禅；与本地客人交谈，可以使用本地方言，以拉近彼此的距离。

④规范化用语：游客提出问题的，回答时不要模糊不清、模棱两可，不要用如"大概""可能有""也许""好像""基本上"等词语。自己不太清楚或无法回答时，可以让游客稍等，自己询问主管或通过其他途径解决后及时回复游客。

在门市，对于游客提出的合理问题，要遵循不轻易说"不"的原则。

下面列举一些门市交流中的忌用语：

我不知道，你去问别人	我不会弄的
我们这里没有，你上别家去	这不是我的错
我们又不是只有你一个客人	我没空
绝对不可能的	喂，那个谁啊
我们好像有的吧	大概会出新线路
给你，就这些	你想要干吗
我真不清楚	那是你的问题

知识4：电话礼仪

①接起电话：电话铃响三下内接起电话，不宜等待太长时间。

②接听电话：接听电话时，口腔内不能有食物，不得吃东西、喝水或者抽烟。接听电话时，面带微笑，对方能够感受到微笑带来的语音、语调上的变化。

所需技能

技能3：办公技能

①基础的电脑操作技能：会使用Office中的文件、表格等编辑软件，会用各种即时聊天工具如QQ、微信等进行文字、图片、文件等的发送和接收。

②接听电话时记录信息的技能：接听电话时，对方可能会就自己想要获取的信息进行详细解释，内容会被扩展开来。在大量的信息面前，需要进行关键词的提取，这就需要门市工作人员有目的地进行记录。在与游客进行交谈时，再将自己所记录的关键词进行核实，以求得到最符合游客需求的信息，从而提供给游客最想要的产品内容。

③打印材料：门市工作人员不仅为游客提供咨询等服务，必要的时候还需为游客提供一些纸质资料。这需要工作人员熟练掌握打印文件的能力。

④传真材料：参照不同型号传真机的操作说明使用传真机。

技能4：快速抓取信息并记录的技能

接待游客需要时刻从与游客的交流中抓取重要的信息，根据信息提供给游客所需要的产品。有的游客描述的需求非常明了，这时可以直接按照其要求给出产品；但也有一些游客并不知道自己需要什么产品，这时就需要从其谈话内容中提取重点信息，给出符合游客需求的产品。

与游客交谈中的重点信息主要是指与旅游相关的内容，如地点、时间、费用、人数等。

"马上就是暑假了，我想带孩子出去旅游。不过我孩子太小了，我一个人带有些吃力。你们有没有带小孩的又不太累的亲子游产品。我小孩今年5岁了，很皮的。跑景点，我带着他实在有些吃不消。"

在这段话中，重点信息是亲子，暑假，不累。通过这几个关键词，我们大致可以判断出这个家长的目的是找一种简单的旅游方式，既能让自己得到放松，又能让孩子出去游玩，邮轮游或许比较适合这位家长的选择。

技能5：记忆各产品特点的能力

能够记忆当季旅游产品的特点，当游客询问时，通过问题中获取的信息能快速反应出几款与之相关的产品。

产品内容的记忆并不需要将产品的所有信息都背下来，关键是知道产品的主打景点、人群、类型、时间等重要信息。在与游客沟通的过程中，其他的产品信息会在工作人员拿出宣传资料或产品资料时，双方都能共同阅读到。

拓展提高

拓展2：各个季节旅游热点概况知识

（1）春季

春天万物复苏，最适合走出家门进入大自然。春季的一大旅游项目莫过于赏花，看大地复苏的绿色。樱花、油菜花、牡丹等是这个季节最具有代表性的旅游热点。江西婺源、安徽黄山周边是著名的赏油菜花的景点，古村落被一片金黄的油菜花包围，一派春意盎然。赏樱花可选择出境游，日本的樱花可以让人从1月追到5月。我国赏樱的地点也很多，如今，许多城市都种植了樱花，可以在城市的各个角落欣赏樱花。当然，其中最为著名的莫过于武汉大学。牡丹是4月到5月盛开，正值春天的尾巴。河南洛阳、山东菏泽都是著名的欣赏牡丹的城市。春天也是游玩古镇、古城的好时节，春雨绵绵，最是走入古镇欣赏江南风光的时候，所以烟花三月下扬州最符合春天旅游的意境。

（2）夏季

夏季虽然炎热，但可选的旅游项目却多了许多。大海、沙滩是夏季最标志性的选择，从北到南，沿海一带都有可供走近大海的旅游景点。大连、烟台、青岛、日照、舟山群岛、厦门、三亚，都是这个时候最热门的海滨度假胜地。夏季正逢暑假，亲子游、研学游成为家长陪伴孩子度过两个月暑假的选择。带孩子走入大自然，走近文化，使得文化、自然景点都成为不错的选择。而博物馆、纪念馆等会成为研学、亲子旅游的一个热点。同时，夏季也是我国赴青藏旅游的高峰。

（3）秋季

秋高气爽，最适合到户外走走，登高望远，舒缓心情。秋天的景色最美的是看红叶和赏菊花。北京香山红叶是这个时节最著名的秋季景点。其实，追看红叶不一定要去著名景点，这个时候许多名山大川都可以看到斑斓的山色。长白山满山黄色、红色、绿色交错在一起的山色，也是一道秋季的美景。从北到南，9月到11月，登山看秋叶的变化都是不错的选择。菊花是秋天的代表花，著名的赏菊地如北京、开封，都有非常不错的菊花景致。当然，这个时候，每座城市都会在公园布置菊花展，也可以作为赏菊的去处。

（4）冬季

冬天最热门的莫过于冰雪旅游，在我国北方一些省份已经形成了许多适合冰雪旅游的景点。张家口作为冬季奥运会的举办城市，其周边的冰雪旅游设施已经完备，适合作为冬季旅游的一个目的地。而传统的冰雪旅游景点主要集中在东北三省，尤其以黑龙江最为突出。哈尔滨每年的冰雪节吸引了大量的游客。黑龙江的冰雪旅游已经形成了一定的规模，滑雪、看冰雕、泡温泉、看极光都是冬季旅游不错的体验。与冬季冰天雪地所不同的是，冬季热带的海滨旅游也是非热门。三亚及其他热带海岛是冬季避开寒冷的一种选择。

拓展3：主题旅游热点概况知识

（1）新婚度蜜月

现在，年轻人度蜜月多选择出境游，海岛游、日本游、欧洲游都是非常不错的选择。度蜜月是新人双方增进感情、体验浪漫、共同开启美好生活的一种庆祝方式。

（2）研学旅游

近几年，研学旅行成为旅游业的一个热点。利用假期出行，走访各地，了解当地人文历史，增长见识，这已经成为许多学生和家长在假期的首选。《国民休闲旅游纲要》中明确提出："在放假时间总量不变的情况下，高等学校可结合实际调整寒、暑假时间，地方政府可以探索安排中小学放春假或秋假"，并提出了要"逐步推行中小学生研学旅行""鼓励学校组织学生进行寓教于游的课外实践活动，健全学校旅游责任保险制度"。《关于促进旅游业改革发展的若干意见》中首次明确了"研学旅行"要纳入中小学生日常教育范畴——积极开展研学旅行。按照全面实施素质教育的要求，将研学旅行、夏令营、冬令营等作为青少年爱国主义和革命传统教育、国情教育的重要载体，纳入中小学生日常德育、美育、体育教育范畴，增进学生对自然和社会的认识，培养其社会责任感和实践能力。按照教育为本、安全第一的原则，建立小学阶段以乡土乡情研学为主、初中阶段以县情市情研学为主、高中阶段以省情国情研学为主的研学旅行体系。加强对研学旅行的管理，规范中小学生集体出国旅行。支持各地依托自然和文化遗产资源、大型公共设施、知名院校、工矿企业、科研机构，建设一批研学旅行基地，逐步完善接待体系。鼓励对研学旅行给予价格优惠。

研学旅行大多集中于寒暑假，一来时间充裕，二来对于年龄稍大的孩子解决了家长因工作无法管理的问题。研学旅行多种多样，根据年龄来分，在幼儿园至小学低年级段，主要以家长陪同参与为主；小学高年级至高中阶段，则多为孩子单独出行。根据内容来分，有文化考察、体能训练、技能培训、出国参观等各种不同形式。研学的组成也丰富多彩，有国外博物馆组织的考古学习，大学校园参观，军事国防教育拓展训练等。从时间上来说，长短不一，少则数日，多则达半个月。价钱也与是否出境、时间长短相关，从几千到几万不等。对于产品的选择，取决于家庭的收入水平。

（3）传统节日旅游

传统节日游现在也成为旅游项目中一个不可忽视的内容，现在许多地方每逢节日都有独具地方特色的表演，成为游客前去参观不可多得的观赏项目。龙舟赛、登高节，许多地方都会在传统节日期间推出有关的活动，一则为节日渲染气氛，发扬传统文化，二则也为旅游贡献力量，拉动当地旅游文化。

拓展4：经典旅游线路

（1）中国经典旅游线路——东北林海雪原区

该区位于我国东北部，范围包括黑龙江、吉林和辽宁三省。旅游资源特征为北国林海雪原，冬季滑雪、溜冰、狩猎等。观看冰灯、树挂，为北国特有景致。火山与熔岩景观：五大连池火山群、长白山火山群、伊通火山群，由于火山活动，该区温泉多，适合疗养。民族风情文化古迹：东北边疆少数民族聚居，以满族、朝鲜族、蒙古族、鄂伦春族、达斡尔族、赫哲族等为代表，人文景观众多。

（2）中国经典旅游线路——文化古都区

本区主要位于我国黄河中下游及华北部分地区，范围包括北京、河北、天津、河南、山东、山西、陕西。本区内，数千年的文明史留下了丰富的人文旅游资源，是我国旅游资源种类最多、数量最丰富、分布最集中的旅游区域。本区内，七大古都占有五个——北京、西安、洛阳、开封、安阳。有帝王陵寝，黄帝陵以及秦、汉、唐、宋、明、清等各个朝代的帝王陵墓保存完整。宗教古迹丰富，白马寺、少林寺、悬空寺、白云观等都是著名的宗教寺庙。三大古代石窟中两个在本区，分别是龙门石窟、云冈石窟。还有万里长城、大运河等古代重大工程。而自然资源以名山、滨海为主，五岳中四岳耸立在本区，宗教名山五台山、崂山是熟悉的佛教、道教名山。北戴河、南戴河、青岛、烟台是著名的滨海避暑旅游胜地。

（3）中国经典旅游线路——江南山水区

本区位于长江以南、东南沿海中部，包括上海、安徽、浙江、江苏、江西。本区河网密布，丘陵山峦起伏，一派鱼米之乡的风光。本区内名山胜水众多，黄山、九华山、庐山、三清山、井冈山、雁荡山、西湖、瘦西湖、太湖、鄱阳湖、富春江等都是著名的山水景点。自古以来，本区经济发达，文化昌盛，有一群古城、古镇为众人所知。人间天堂的苏州和杭州，苏南、浙北的水乡古镇，周庄、同里、南浔、乌镇等让人流连忘返。本区的园林与北方的皇家园林形成鲜明对比，江南园林的精巧让来到此处的游客啧啧称奇。

（4）中国经典旅游线路——东南沿海区

本区位于我国东南沿海，包括广东、福建、海南，以热带气候为主，四季常青。本区丹霞地貌十分典型，丹霞山、武夷山尤为突出。本区突出热带海岛、海岸线旅游，三亚、厦门等地都是著名的海滨度假胜地，四季皆宜。

（5）中国经典旅游线路——西南少数民族风情区

本区位于我国西南部、青藏高原东部，包括云南、贵州和广西壮族自治区。本区地跨山地、高原和丘陵三大地貌单元，地势起伏大，山高水深，岩溶地貌分布极广。本区也是我国少数民族聚居且人口众多的地区。本区内的岩溶景观堪称世界上岩溶地貌发育最典型、最完美的自然博物馆，云南路南石林、贵州织金洞、桂林山水都是著名的岩溶地貌风景区。本区分布有30多个少数民族，他们的文化具有极大的吸引力，与此有关的民族节日也吸引着游客前往参观，例如苗族芦笙节、白族三月街、傣族泼水节、彝族火把节、傈僳族刀杆节等。本区高山深谷风景壮美，虎跳峡、三江并流都是独一无二的景致。本区海拔高低悬殊，气候差异显著，动植物分布广且种类丰富，许多珍稀品种如金丝猴、印度象、长臂猿等都可在自然保护区内参观。

（6）中国经典旅游线路——长江中上游地区

本区位于我国长江中上游地区，包括湖南、湖北、重庆、四川，东西横跨我国地势三大阶梯，山地、丘陵、盆地、平原都有分布。本区旅游资源丰富，楚文化、蜀文化展示了当地先民的智慧，三国时期的纷争，让赤壁、武侯祠成为喜爱三国历史游客的必去之地。名山如贡嘎山、峨眉山、青城山、衡山、张家界、武当山、神农架各显风姿。三峡风光如一幅壮美历史画卷，九寨沟似童话世界、水的天堂。

（7）中国经典旅游线路——青藏区

本区包括青海省和西藏自治区，平均海拔4500米以上，有世界屋脊之称。本区旅游时间较其他区短，最佳旅游时间多集中于4月至11月。本区内冰川景致独一无二，是全球中低纬度地区最大的冰川活动中心。本区地热资源丰富，世界上已经发现的20多种地热类型，在本区都有，著名的有羊八井热气田。该区的宗教文化别具风采，藏传佛教是本区主要宗教，著名的寺庙成为一大象征，如布达拉宫、大昭寺、哲蚌寺、塔尔寺等。少数民族以藏族为主，民族文化也是一大旅游资源。

（8）中国经典旅游线路——西部、北部戈壁沙漠区

本区包括新疆维吾尔自治区、甘肃省、宁夏回族自治区、内蒙古自治区。本区相较其他区更为干旱，著名的塔克拉玛干沙漠、古尔班通古特沙漠、巴丹吉林沙漠、腾格里沙漠位于本区。本区的戈壁、沙漠是主要的自然资源。本区的丝绸之路沿线各景点留下了丰富的历史古迹。

（9）中国经典旅游线路——港澳台地区

本区包括香港、澳门和台湾。本区都市旅游为一大特色，香港、澳门本身缺乏自然资源，因此大量的人文旅游因素便随之产生。台湾地区自然资源丰富，地处环太平洋火山地震带，各种火山地貌景观为一大特色。

实训练习

练习4：语言礼仪训练

熟念下列门市工作人员用语：

您好，我能为您做点什么？
您好，是这样的，我们这里有类似的产品，您需要看一下吗？
嗯，好的，我帮您查询一下。
这是××游的几份材料，如果还有什么需要请和我说。
张先生，您好！
还有什么我能帮助您的？

根据语言礼仪的要求，改正下列工作人员的用语：

改正前	改正后
喂，你要干吗？	
我看一下有没有啊	
就这么几份了，没别的了	
我不知道	
你找错地方了	
这些够了吗？	

练习5：电话礼仪训练

（1）熟念下列接听电话用语

您好，××旅行社，有什么可以帮到您的？
好的，我帮您查询一下。

您好，您要的资料我已经查询到，方便留一下您的邮箱吗，我好发送给您。
您好，请问来电显示的号码是您的号码吗？
好的，麻烦留下您的联系方式，稍后我们会联系您的。
不好意思，张××不在，我可以替您转告／她刚走开，您可以稍后打来。
稍等，我帮您转接。
不好意思，这里是××旅行社，您打错电话了。
不好意思，请稍等1分钟，我这里有人找，马上回来。

（2）操作练习

①接听电话练习：两人一组完成接听问候的练习。

要求：在电话铃响三声内接听电话，礼貌问候。

您好，这里是××旅行社，有什么可以帮到您的？

您好，××旅行社，能为您做些什么？

②转接电话练习：两人一组完成转接电话的练习。

要求：在电话铃响三声内接听电话。游客要找张经理，门市工作人员完成转接。

③让游客等待练习。

要求：两人一组完成等待练习。

练习6：信息抓取训练

尝试听下列文字，列出重要信息：

①我想去旅游，你们现在有什么好的产品啊？现在到哪儿去比较凉快？这里一到七八月热得要死。我现在都不想动，太热了。我这个人很懒的，不好动，一到夏天就受不了。你知道的，成天待在空调房间里要生病的。

_____

_____

②你好，最近青岛的线路有吗？价钱怎样？我们一帮朋友想去青岛玩几天，休闲一些的。现在应该没有什么乱加购物的团了吧。酒店好一些，去青岛住好、吃好就可以了。

_____

_____

③你们这有针对重阳节的旅游产品吗？近期有没有哪些地方有过重阳节的，我们可以去那里看吗？难得家里老人想出去走走，我们又不知道该带他们去哪里比较好。

_____

_____

实训3：迎候门市游客

实训准备

①仪容仪表自我检查：按要求检查仪容仪表。

②工作环境布置检查：连接网络的电脑，必要的记录本、便签、水笔、计算器，连接到电脑的打印机、传真机等。

③旅游产品资料准备：准备展示架，在门市明显部位放置本社的旅游产品宣传资料，数量充足以备客人索取。将主推的产品放置在最易看到的位置，引导客人第一眼看到。

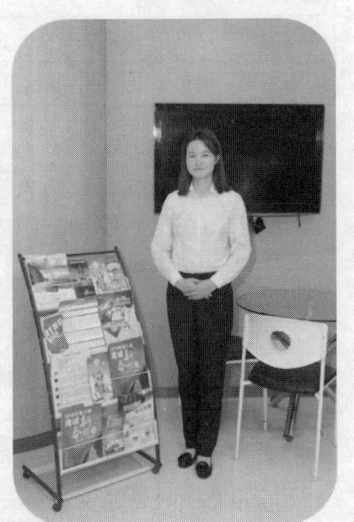

实训目标

能够熟练招呼和问候客人，引领客人进入店内，能够判断客人的大概需求，提供相应服务。

实训任务

小陈终于开始了门市接待工作。想要去旅游的客人很多，一早就来了几位。他们有的是来咨询的，有的另有事情来办。应该怎样迎接客人、引领客人呢？

知识加油站

知识5：旅游产品类型

旅游产品类型	
团体旅游产品	散客自由行旅游产品
参加团体旅游的人数一般在10人以上。目前，旅游市场约半数的旅游产品为团体旅游产品。团体旅游产品多为包价旅游产品，即旅游者将旅游行程中的相关服务项目费用统包起来预付给旅行社，由旅行社安排旅游行程中的所有活动。	散客是目前迅速壮大的旅游群体。散客旅游人数一般在10人以下，以家庭和朋友结伴出游居多。有散客包价旅游和散客零星委托业务两种。散客旅游有更多的自由空间，旅行社提供的服务更具多样性，可以提供和团体旅游服务一样的项目，也可以选择其中的一两个项目。目前常见的"机票+酒店"这一组合产品就属于这一类型，这给了游客极大的自由性。
团体旅游服务项目： 1.安排住宿服务 2.餐食服务 3.导游服务 4.安排交通服务 5.门票服务	

知识6：旅游产品六要素

①食：旅游产品中"食"是一个重要的组成部分，尤其是在团体旅游产品中。旅行社安排的餐食主要为三餐，即早餐、中餐和晚餐。门市工作人员进行推介时，需说明产品含几个早餐几个正餐，及餐标。

②住：住是旅游产品中最基本的不可或缺的要素。门市工作人员推介产品时，必须将住宿酒店的名称、档次、房型说清楚。

③行：行也是旅游产品中最基本的要素，是旅游产品的重要组成部分。就目前而言，仅包

含"机票+酒店"的组合就可以单独构成一个旅游产品。在旅行社产品报价中,交通费用占据的比例较大。交通类型甚至直接决定着旅游产品的等级。例如,同一目的地,双飞的等级和价格就比双卧要来得高一些。因此在进行产品推介时,需要将交通的类型、等级、价位等一一说明。对于景区内的交通,是否包含在报价内、是否自费等也需要一一说明。

常见旅游产品中的交通类型	
大交通	从出发地前往旅游目的地之间使用的交通工具,通常为飞机、火车、轮船、大巴
小交通	在旅游目的地,游客在酒店、景点、就餐点等之间而使用的交通工具转移,主要以大巴为主
景区内交通	一些大型景区需要换乘一些交通工具,例如电瓶车、缆车、游船等

④游:游是游客出行的主要目的,集游览、观光、体验、休闲于一体。通常每一份旅游产品中都会包含与产品主题相契合的旅游资源。随着团体旅游和自由行日益呈并驾齐驱之势,对于旅游产品中是否需要安排旅游资源,以及安排多少,则根据所选产品的类型和游客的选择进行安排。包价旅游产品中的旅游资源为先期策划,不可改变;散客自由行产品中的旅游资源则可根据游客的需求增加或减少。门市工作人员在前期进行产品推介时,必须对旅游目的地的旅游资源了如指掌,并对该旅游资源的特点、游览方式以及是否含门票等一一说明。

⑤购:旅游购物是满足游客需求、增加旅游收入的一种方式。近年来,旅游购物出现了许多负面新闻,游客对旅游购物比较排斥。《旅游法》第三十五条规定:"旅行社组织、接待旅游者,不得指定具体购物场所,不得安排另行付费旅游项目。但是,经双方协商一致或者旅游者要求,且不影响其他旅游者行程安排的除外。"所以,现在旅游产品中一般不再安排购物点。

⑥娱:目前,娱乐项目已经很少出现在旅游产品中,不作为固定项目进行罗列。

所需技能

技能6:判别入店客人

并不是所有来到门市的客人都是为了咨询或者购买产品的,所以当客人来到门市,我们需要对客人进行简单的判别,以区分有旅游意向和无旅游意向的客人。

(1)随意浏览型

旅行社店门口的广告往往会吸引许多游客前来咨询旅游产品。但并不是所有到店客人都有咨询或者购买意图。这些人有的是在附近散步,闲来无事,看到店门口的广告就停下脚步随意浏览;有的是天热,门市的空调较为凉快,因此进店闲坐吹吹冷风;也有的是因为突然下大雨,无处躲雨,就在门市驻足等雨停……这一类客人并不想咨询任何产品,不主动找工作人员,也不愿意与工作人员攀谈,更喜欢独处。

他们挂在嘴边的多为"哦,我就看看。""随便看看。"对这些客人,简单问候后,简要说明本店最近的主打产品并示意产品陈列架所在位置即可。由于客人并不是特意前来,被告知主打产品后,多数会前去翻阅一番。工作人员告知相关信息后,便可回到工作岗位,继续自己的工作。如果游客前来咨询,则详细告知产品细节。若游客离开,不忘说一句谢谢光临,让游客感受到门市并不是个不欢迎人的地方。一次的良好问候和服务,会迎来下一次的主动咨询。为潜在的客户留下深刻印象,这也是门市工作人员的职责。

(2)咨询型

这类游客的目的明确,心中已经确定了出游的想法,出游的时间和费用也差不多定型,唯有具体去哪些地方,还需要进一步了解。这类游客进入门店后,会主动寻找门市工作人员,询问与自己出游目的有关的产品。他们的问题直接,有针对性。对于产品,他们会具体询问景点的情况、酒店的等级、周边环境、产品价格等细节。对这类游客,我们需要细心服务,提供最符合他们咨询意向的产品。虽然这部分客人最后真正购买本社产品的概率并不是百分之百,但是他们有可能成为本社的客户，所以应尽可能促成交易。若客人咨询后并没有达成购买意向，应留下其联系方式，或者送上自己的联系方式，使其能在做决定时能考虑本社的产品。

（3）货比三家型

这类客人进店的目的是要了解同一类型产品的不同报价，其目的明确，询问的内容也直截了当。对于产品，其更关心的是报价，他们会询问每一处服务内容的具体报价，以便与自己所知的产品进行比较。为了知道有无优惠，更会提出自己所知道的某个产品的价格来回应。这一类客人无论他如何比价，都是潜在的客户，需认真接待，以体现本社的服务特点，尤其在解释本社产品的价格后，要告知对方后续的服务特色。

（4）来社办事

这一类客人会直接询问自己要找的人或要去的部门，目的清晰。遇到这类客人，询问其需求后，直接告知其需要办理事务的地点即可。

技能7：招呼客人

（1）问候客人

您好，请问有什么需要帮助您的？

您好，可以进来看看，我们最近推出了许多新产品。

您好，欢迎光临，有什么需要吗？

（2）引领接待

您好，请这边走，导游部就在前面。

您好，请坐。

您好，这里就是部门经理办公室，请坐，经理稍后就来。

（3）递送资料、茶水

您好，请喝茶。

您好，这是最新的资料。

您好，您要的资料在这里。

实训练习

练习7：招呼问候客人

①看到游客、引领至洽谈处

两人一组，互为宾客，招呼并问候，引领至洽谈处，并送上茶水

场景：客人来到门市入口处

②游客找部门经理

两人一组，互为宾客，招呼并问候，引领至部门经理处，并送上茶水

练习8：判别入店需求

根据对话，尝试判断客人来社的目的并给出相应的服务。

➢对话一

门市：您好，有什么可以帮您的吗？

游客：我就看看。

门市：好的，这边是我们旅行社最近热门的几个产品，喜欢的话可以看看（门市工作人员指向展示架上的产品）。

游客：好的，谢谢啊。

➢对话二

门市：您好，欢迎光临，有什么需要帮忙吗？

游客：我想问问，8月的邮轮游有哪些航线？最长的是几天？

门市：哦，是这样的。现在的邮轮航线，主要去日本。最长的航线是6天，可以到达两个港口。这里有些资料，我给您拿来看看。

游客：（拿到资料看了起来）这个舱位都是怎么卖的？小孩子没有半价吗？

门市：按照不同等级购买的，您看（指着宣传资料），内舱房最便宜，但看不到大海，没有窗户。然后是海景房，有窗户但是不能走出去。一般大家都喜欢阳台房，这个房型分标间和套房。套房的价格自然最贵，内舱房最便宜。小孩子和大人的价格是一样的，没有折扣。

游客：这个住宿是按房间来算的，还是按人头来算的，我看不懂啊。

门市：是按照人头来算的。比如您一家三口，两个大人一个小孩，需要付三个人的费用。如果您选择海景房，就会给您安排适合三人住宿的房间。

游客：就是三个人的钱住一个房间？

门市：是的，您还需要了解什么吗？

游客：哦，我了解了，再看一下啊。

➤对话三

游客：我问一下啊，10月黄金周去北京的旅游线路现在都是什么价位？

门市：您好，10月黄金周去北京的所有线路价位都偏高。不知您打算去几天？

游客：那你帮我看一下，你们这里去北京5天左右的线路，多少钱？大概去哪些地方？

门市：好的，稍等（门市查询一下）。您好，是这样的，10月黄金周去北京的线路有两条，一条是2号出发，高铁来回，6号回来，这是行程单，价格是4000元；另一条是3号出发，单飞加高铁，7号回来，行程单在这里，价格4500元。

游客：哦，价格是有些高啊。

门市：您如果今天报名参加的话，因为离十一黄金周还有些时间，所以有减免500的优惠。越到后面，这个价格就越高。

游客：哦，那我再看看吧。

练习9：练习规范用语

请使用规范的接待人员用语改正下列语句：

①游客：您好，请问你们现在有去东北的旅游产品吗？

接待：没有。

改正：

②游客：这条线路怎么那么贵啊。

接待：就是这个价格，不能便宜的。

改正：

③游客：你好，我刚看到门外的广告说你们这儿有去西安的旅游线路。

接待（很忙）：我没空，你等会。

改正：

④游客：我们就三个人，你可以为我们做一个旅游产品吗？

接待：我们这里从来没有这么做过。

改正：

⑤游客（已经等了一段时间，门市有许多客人）：能不能快点啊，我等了好久了。

接待：我实在是忙，没空招待你。

改正：

⑥游客：张××，我找你有事。

接待：你找错人了。

改正：

⑦游客：不行，我想回去考虑考虑。
　　接待：还考虑什么，现在买就可以了，别浪费时间了。
　　改正：
⑧游客：我要的是那个旅游产品，你干吗给我这个。
　　接待：你本来要的就是这个吗，是你一直在变主意。
　　改正：
⑨游客：你好，是××旅行社吗？
　　接待（非常忙，想忙完手头的事再详细跟电话中的游客说）：我现在很忙，请你5分钟后打过来。
　　改正：
⑩游客（电话）：这个旅游产品的资料，你快递一份给我好吗？
　　接待：不可以的，我们没有这个服务。
　　改正：

项目二　咨询接待

无论是拼团的散客，还是自组包团的单位客户，他们在安排出游活动时，一般会通过现场、电话、信函及网络等各种咨询方式来提出自己的出游需求并了解旅游线路和报价，在货比三家之后做出慎重选择。在与游客经过一定程度的互动沟通之后，门市咨询人员才能准确地把握其出游动机和旅游需求，然后予以针对性的产品推介。

实训 4：现场咨询

实训准备

（1）自我检查

一个合格的门市接待人员，首先应具备良好的仪容仪表。仪容仪表并不是打扮和美容，它是门市服务人员精神面貌的体现，是关乎门市服务质量、门市销售业绩、门市形象、旅行社品牌的大事。

（2）仪容仪表

①服饰：款式美观大方，色彩协调，与体形、工作特点、工作环境、民族习俗相吻合。

②修饰：主要指容貌的化妆、饰品的佩戴、发型的塑造等。

③佩戴胸卡。

④佩戴手表：工作时佩戴手表，通常意味着时间观念强、作风严谨，特别是对男性服务人员而言更是如此。

实训目标

①学会现场咨询的操作步骤，能为前来咨询的游客提供优质的服务。

②掌握迎接客人所需体现的礼仪要求，能用规范的询问方式了解客人需求。

③知道旅游产品的组成，知道简洁明了地介绍旅游产品的技巧。

④掌握告别客人的礼仪，言谈举止得当。

实训任务

在门口的迎客岗位实习了两周，小陈渐渐学会了对每位客人"察言观色"。从这周开始，小陈在咨询接待岗位实习。这天上午，小陈正在电脑前熟悉公司的产品线路，一位女士推门进来，小陈立刻起身笑脸相迎，礼貌招呼之后，女士提出想利用假期带家人外出旅游，尚未确定具体的目的地。小陈请其落座，开始为其提供周到的咨询服务。

知识加油站

知识 7：现场咨询

现场咨询：是指旅游者亲自前往旅行社所设立的门市柜台，向工作人员询问有关旅游方面的问题。旅行社的工作人员应热情接待，仔细倾听，耐心解答，并向其提供各种可行的意见和建议，提供本旅行社旅游产品的宣传资料，力求促成旅游者购买本社的旅游产品。

知识8：咨询游客的类型

（1）目标茫然型

此类游客内心有想要出去旅游的念头，但是究竟去哪儿，自己并没有考虑过。他们需要的是通向门市工作人员询问，整理出自己的想法，确定自己真正想要去的旅游目的地。这类游客询问的问题具有一定的代表性。

"我们想要利用这个假期出去旅游，你们有什么好的产品可以推荐的吗？"

"秋天到了，有什么地方的景色比较好的？我们想去玩几天。"

由于游客只是有了个旅游的念头，因此对旅游中的各个要素并没有深思熟虑过。因此，工作人员需要通过询问的方式，确定其目的地、人数、预算等内容，帮助游客理清自己的想法，确定自己的目标。然后，再推荐相应的产品，根据游客最初的想法进行细致的介绍。

（2）目标明确型

此类游客对于出游有着非常清晰的目标，并做过详细的考虑。他们前来旅行社咨询，都是直接明了的。

"你们的日本7日游，目前价格怎样？"

"去澳门的机票＋酒店，目前优惠价是多少？"

"如果我现在订这个产品，能有多少优惠？"

对于这部分游客，工作人员要做到有问必答，同时注意突出本社产品的特色以及优势。

（3）目标待定型

此类游客心中已有出游目标，但还未确定，有一些犹豫不决，他们希望通过外界的一些信息来促使自己做出决定。

"听说邮轮不错，不知道上岸都有哪些地点可以参观？你们现在有几条邮轮的线路？"

"我们想利用这个暑假出去走走，预算3000元，我们能出境旅游吗？"

对于这类游客，工作人员要做的是，在游客给出的选择内提供符合要求的产品，并帮助游客在列出的条件中选择合适的旅游产品。

所需技能

技能8：现场咨询

对于前来门市咨询的旅游者，通常采用以下六个接待步骤。

（1）迎接客人

对于进店的客人，不管其目的如何，首先应表示欢迎，主动问候。然后根据客人的行为表现，进行初步判断，确定客人是随意浏览型还是有意向询问型。迎接客人的方法有很多，可视自身工作情况而选择不同的迎接方式。若工作不忙，可起身问候；若手头工作多，则行注目礼并微笑问候，表示欢迎。

（2）询问客人需求

引领客人落座，并递上茶水，然后询问客人的需求。询问内容着重放在旅游的几个要素上，例如是国内游还是出境游，出游的大致方向，时间、人数、期望价格等。通过询问了解客人真实的需求，以便做出准确判断，提供符合客人需求的产品。

（3）出示旅游产品

询问结束后，工作人员应及时拿出与游客需求符合度最高的产品，通常提供三至五份。在产品的选择上，可以根据游客的期望价格和景点的符合程度进行选择。例如，游客的期望价格是3000元，工作人员可以提供2500元、2800元、3200元三种价格区间的产品供客人了解。如果客人想去成都游玩，那么可以提供以成都为中心，向外辐射三个方向的线路供选择。三个线路中景点的安排按照少、适中、多三个数量级别进行。

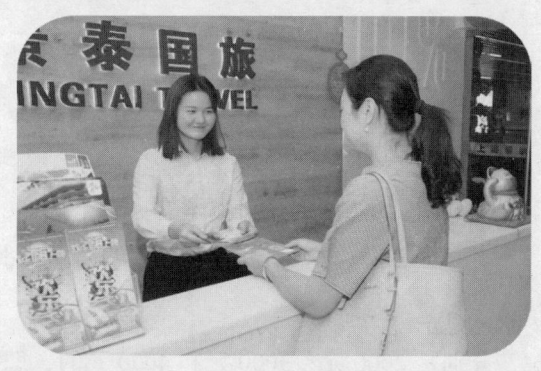

（4）旅游产品说明

工作人员需观察客人对于产品的关注点：如果游客关注价格，则可就价格进行说明；如果客人关注游览景点的数量，则可就景点参观的安排进行说明。

（5）提供宣传资料

前来咨询的客人直接在门市预订或购买产品的概率并不高，为了保证二次购买或二次咨询，在客人有意离开时，应及时提供客人刚才阅读的相关宣传资料。同时将自己的联系方式告诉对方，同时告知有任何疑问可以与自己交流。若客人同意，也可加客人的即时通信工具如QQ、微信等，在后期进行及时发送优惠信息，帮助游客及时下决定。

（6）告别客人

不论是前来咨询的客人，还是随意参观的客人，离开时都应告别，以示本社对客人的尊重。对于随意浏览的客人，因其喜欢自己随意观看，离开时可不用送至门口，行注目礼微笑致意即可。在本社详细咨询的客人，则应送至门口，要以再次见面的心情，目送其上车或走出视线再回到工作岗位。

技能 9：提取信息

在提供咨询服务时，要想获得更多有关游客的信息，就必须会问问题。因此，能问问题，问出能得到答案的问题，这也是一种能力。

（1）设问

客人没有主动说明自己的想法，那么工作人员需根据已经沟通的内容确定未知的信息，进行提问。

"您预计去几天？"

"这次旅行，您的心理价位是多少？"

"一共有几人参加这次的旅行？"

（2）给出选择的问题

游客对于某些内容无法说出自己的想法时，可以给客人几个选择，从选择中看出客人真实的想法。一般给出的选择为两个或三个，尽量不超过三个，否则会引起选择困难，反而不利于咨询。

"您看，您是喜欢国内游还是出境游呢？"

"这个现在有三种价位，分别是 2000 元、3000 元和 4000 元的，您可以了解一下。"

"您是喜欢观光还是度假？"

（3）反问

适当反问能起到再次确认客人信息的作用。有的客人对于自己的话，说过之后并不太理会，这些无意间的话可能就是重要信息。所以，工作人员听到之后，可以用反问的方式与客人进行确认。

"要加几个景点，是吧？"

"您喜欢酒店星级再高一些的，是吗？"

拓展提高

作为旅行社门市接待服务人员，要想对客人的咨询对答如流，就必须掌握多方面的专业知识。除了熟知与本社产品相关的知识和业务流程外，还要掌握旅游心理知识、旅游地理知识、历史文化知识、政策法规知识、交通旅行知识、旅游市场知识等。

拓展 5：了解不同的旅游产品类型

（1）根据距离远近划分的旅游产品类型

根据距离远近，可将旅游产品可分为周边游、国内短距离游、国内长距离游和出境游。

①周边游，一般在距离出发地 800 千米以内的半径内旅游。从出发到目的地基本在两三个小时的车程内。游览时间通常在 5 天以内，少则一日，多则五日。

②国内短距离游，即国内中线产品。从出发地到目的地需乘坐飞机或者火车，游览时间在 7 天以内。

③国内长距离游，即国内长线产品。从出发地到目的地必须乘坐飞机或者火车，游览时间超过 7 天，最长达 15 天。尤其以西藏、新疆一带的旅游产品为主，费用接近万元。

④出境游，交通工具为飞机或邮轮，也有个别火车游。

（2）根据消费水平高低划分的旅游产品类型

消费水平不同，旅游产品的档次因此也有着较大分别，通常分为豪华型、标准型和经济型。

①豪华型的产品费用较高，交通、住宿、餐食等都以高规格配置，酒店一般为四五星级，交通以飞机往返为主。

②标准型的产品旅游费用适中，酒店以二三星为主，交通上配置火车、单飞，以大巴为主。

③经济型产品的价格自然更加低廉，目前已经较少，但应游客的需求仍然有存在的空间。

（3）根据旅游目的不同划分的旅游产品类型

游客外出旅游的目的不同，选择的产品也会不同。常见的有观光、度假、研学等。

①观光类旅游产品是目前存在比率较大的一类，它将国内具有知名度的景区囊括在内，满足游客观赏游玩的需要。目前，国内许多游客对于旅游的需求较多停留在观光游览上，因此，此类产品的需求还将成为旅游产品的主流。

②度假类旅游产品。随着经济收入水平的提升，许多游客已不满足于走马观花似的旅游产品，转而倾向于能够舒缓放松、让自己从繁忙的生活中得到解脱的度假型产品。不必赶场于各大景区，只需要在一个或几个较为轻松且行程宽松的行程中得到放松。这一类产品依托于森林、湖泊、温泉、青山等自然环境中，还有各大海岛度假区。

③研学类旅游产品。该类产品日渐成为一个新的类型。该产品集合了观光、考察、体验、拓展、训练、学习、培训等许多新功能，成为目前旅游市场上新开拓出的一个类别。

拓展 6：相关旅游政策法规知识

《中华人民共和国旅游法》节选
（2016 年 11 月修正版）

第三十五条　旅行社不得以不合理的低价组织旅游活动，诱骗旅游者，并通过安排购物或者另行付费旅游项目获取回扣等不正当利益。

旅行社组织、接待旅游者，不得指定具体购物场所，不得安排另行付费旅游项目。但是，经双方协商一致或者旅游者要求，且不影响其他旅游者行程安排的除外。

发生违反前两款规定情形的，旅游者有权在旅游行程结束后三十日内，要求旅行社为其办理退货并先行垫付退货货款，或者退还另行付费旅游项目的费用。

第三十六条　旅行社组织团队出境旅游或者组织、接待团队入境旅游，应当按照规定安排领队或者导游全程陪同。

第四十九条　为旅游者提供交通、住宿、餐饮、娱乐等服务的经营者，应当符合法律、法规规定的要求，按照合同约定履行义务。

第五十条　旅游经营者应当保证其提供的商品和服务符合保障人身、财产安全的要求。

旅游经营者取得相关质量标准等级的，其设施和服务不得低于相应标准；未取得质量标准等级的，不得使用相关质量等级的称谓和标识。

第五十一条　旅游经营者销售、购买商品或者服务，不得给予或者收受贿赂。

第五十二条　旅游经营者对其在经营活动中知悉的旅游者个人信息，应当予以保密。

第五十三条　从事道路旅游客运的经营者应当遵守道路客运安全管理的各项制度，并在车辆显著位置明示道路旅游客运专用标识，在车厢内显著位置公示经营者和驾驶人信息、道路运输管理机构监督电话等事项。

第五十四条　景区、住宿经营者将其部分经营项目或者场地交由他人从事住宿、餐饮、购物、游览、娱乐、旅游交通等经营的，应当对实际经营者的经营行为给旅游者造成的损害承担连带责任。

第五十七条　旅行社组织和安排旅游活动，应当与旅游者订立合同。

第五十八条　包价旅游合同应当采用书面形式，包括下列内容：

（一）旅行社、旅游者的基本信息；

（二）旅游行程安排；

（三）旅游团成团的最低人数；

（四）交通、住宿、餐饮等旅游服务安排和标准；

（五）游览、娱乐等项目的具体内容和时间；

（六）自由活动时间安排；

（七）旅游费用及其交纳的期限和方式；

（八）违约责任和解决纠纷的方式；

（九）法律、法规规定和双方约定的其他事项。

订立包价旅游合同时，旅行社应当向旅游者详细说明前款第二项至第八项所载内容。

第五十九条　旅行社应当在旅游行程开始前向旅游者提供旅游行程单。旅游行程单是包价旅游合同的组成部分。

第六十条　旅行社委托其他旅行社代理销售包价旅游产品并与旅游者订立包价旅游合同的，应当在包价旅游合同中载明委托社和代理社的基本信息。

旅行社依照本法规定将包价旅游合同中的接待业务委托给地接社履行的，应当在包价旅游合同中载明地接社的基本信息。

安排导游为旅游者提供服务的，应当在包价旅游合同中载明导游服务费用。

第六十一条　旅行社应当提示参加团队旅游的旅游者按照规定投保人身意外伤害保险。

第六十二条　订立包价旅游合同时，旅行社应当向旅游者告知下列事项：

（一）旅游者不适合参加旅游活动的情形；

（二）旅游活动中的安全注意事项；

（三）旅行社依法可以减免责任的信息；

（四）旅游者应当注意的旅游目的地相关法律、法规和风俗习惯、宗教禁忌，依照中国法律不宜参加的活动等；

（五）法律、法规规定的其他应当告知的事项。

在包价旅游合同履行中，遇有前款规定事项的，旅行社也应当告知旅游者。

第六十三条　旅行社招徕旅游者组团旅游，因未达到约定人数不能出团的，组团社可以解除合同。但是，境内旅游应当至少提前七日通知旅游者，出境旅游应当至少提前三十日通知旅游者。

因未达到约定人数不能出团的，组团社经征得旅游者书面同意，可以委托其他旅行社履行合同。组团社对旅游者承担责任，受委托的旅行社对组团社承担责任。旅游者不同意的，可以解除合同。

因未达到约定的成团人数解除合同的，组团社应当向旅游者退还已收取的全部费用。

第六十四条　旅游行程开始前，旅游者可以将包价旅游合同中自身的权利义务转让给第三人，旅行社没有正当理由的不得拒绝，因此增加的费用由旅游者和第三人承担。

第六十五条　旅游行程结束前，旅游者解除合同的，组团社应当在扣除必要的费用后，将余款退还旅游者。

第六十六条　旅游者有下列情形之一的，旅行社可以解除合同：

（一）患有传染病等疾病，可能危害其他旅游者健康和安全的；

（二）携带危害公共安全的物品且不同意交有关部门处理的；

（三）从事违法或者违反社会公德的活动的；

（四）从事严重影响其他旅游者权益的活动，且不听劝阻、不能制止的；

（五）法律规定的其他情形。

因前款规定情形解除合同的，组团社应当在扣除必要的费用后，将余款退还旅游者；给旅行社造成损失的，旅游者应当依法承担赔偿责任。

第六十七条　因不可抗力或者旅行社、履行辅助人已尽合理注意义务仍不能避免的事件，影响旅游行程的，按照下列情形处理：

（一）合同不能继续履行的，旅行社和旅游者均可以解除合同。合同不能完全履行的，旅行社经向旅游者作出说明，可以在合理范围内变更合同；旅游者不同意变更的，可以解除合同。

（二）合同解除的，组团社应当在扣除已向地接社或者履行辅助人支付且不可退还的费用后，将余款退还旅游者；合同变更的，因此增加的费用由旅游者承担，减少的费用退还旅游者。

（三）危及旅游者人身、财产安全的，旅行社应当采取相应的安全措施，因此支出的费用，由旅行社与旅游者分担。

（四）造成旅游者滞留的，旅行社应当采取相应的安置措施。因此增加的食宿费用，由旅游者承担；增加的返程费用，由旅行社与旅游者分担。

第六十八条　旅游行程中解除合同的，旅行社应当协助旅游者返回出发地或者旅游者指定的合理地点。由于旅行社或者履行辅助人的原因导致合同解除的，返程费用由旅行社承担。

第六十九条　旅行社应当按照包价旅游合同的约定履行义务，不得擅自变更旅游行程安排。

经旅游者同意，旅行社将包价旅游合同中的接待业务委托给其他具有相应资质的地接社履行的，应当与地接社订立书面委托合同，约定双方的权利和义务，向地接社提供与旅游者订立的包价旅游合同的副本，并向地接社支付不低于接待和服务成本的费用。地接社应当按照包价旅游合同和委托合同提供服务。

第七十条　旅行社不履行包价旅游合同义务或者履行合同义务不符合约定的，应当依法承担继续履行、采取补救措施或者赔偿损失等违约责任；造成旅游者人身损害、财产损失的，应当依法承担赔偿责任。旅行社具备履行条件，经旅游者要求仍拒绝履行合同，造成旅游者人身损害、滞留等严重后果的，旅游者还可以要求旅行社支付旅游费用1倍以上3倍以下的赔偿金。

由于旅游者自身原因导致包价旅游合同不能履行或者不能按照约定履行，或者造成旅游者人身损害、财产损失的，旅行社不承担责任。

在旅游者自行安排活动期间，旅行社未尽到安全提示、救助义务的，应当对旅游者的人身损害、财产损失承担相应责任。

第七十一条　由于地接社、履行辅助人的原因导致违约的，由组团社承担责任；组团社承担责任后可以向地接社、履行辅助人追偿。

由于地接社、履行辅助人的原因造成旅游者人身损害、财产损失的，旅游者可以要求地接社、履行辅助人承担赔偿责任，也可以要求组团社承担赔偿责任；组团社承担责任后可以向地接社、履行辅助人追偿。但是，由于公共交通经营者的原因造成旅游者人身损害、财产损失的，由公共交通经营者依法承担赔偿责任，旅行社应当协助旅游者向公共交通经营者索赔。

第七十二条　旅游者在旅游活动中或者在解决纠纷时，损害旅行社、履行辅助人、旅游从业人员或者其他旅游者的合法权益的，依法承担赔偿责任。

第七十三条　旅行社根据旅游者的具体要求安排旅游行程，与旅游者订立包价旅游合同的，旅游者请求变更旅游行程安排，因此增加的费用由旅游者承担，减少的费用退还旅游者。

第七十四条　旅行社接受旅游者的委托，为其代订交通、住宿、餐饮、游览、娱乐等旅游服务，收取代办费用的，应当亲自处理委托事务。因旅行社的过错给旅游者造成损失的，旅行社应当承担赔偿责任。

旅行社接受旅游者的委托，为其提供旅游行程设计、旅游信息咨询等服务的，应当保证设计合理、可行，信息及时、准确。

第七十五条　住宿经营者应当按照旅游服务合同的约定为团队旅游者提供住宿服务。住宿经营者未能按照旅游服务合同提供服务的，应当为旅游者提供不低于原定标准的住宿服务，因此增加的费用由住宿经营者承担；但由于不可抗力、政府因公共利益需要采取措施造成不能提供服务的，住宿经营者应当协助安排旅游者住宿。

扫我查看《中华人民共和国旅游法》全文

《旅行社条例》（节选）
（2016年2月）

第二十四条　旅行社向旅游者提供的旅游服务信息必须真实可靠，不得作虚假宣传。

第二十五条　经营出境旅游业务的旅行社不得组织旅游者到国务院旅游行政主管部门公布的中国公民出境旅游目的地之外的国家和地区旅游。

第二十六条　旅行社为旅游者安排或者介绍的旅游活动不得含有违反有关法律、法规规定的内容。

第二十七条　旅行社不得以低于旅游成本的报价招徕旅游者。未经旅游者同意，旅行社不得在旅游合同约定之外提供其他有偿服务。

第二十八条　旅行社为旅游者提供服务，应当与旅游者签订旅游合同并载明下列事项：

（一）旅行社的名称及其经营范围、地址、联系电话和旅行社业务经营许可证编号；

（二）旅行社经办人的姓名、联系电话；

（三）签约地点和日期；

（四）旅游行程的出发地、途经地和目的地；

（五）旅游行程中交通、住宿、餐饮服务安排及其标准；

（六）旅行社统一安排的游览项目的具体内容及时间；

（七）旅游者自由活动的时间和次数；

（八）旅游者应当交纳的旅游费用及交纳方式；

（九）旅行社安排的购物次数、停留时间及购物场所的名称；
（十）需要旅游者另行付费的游览项目及价格；
（十一）解除或者变更合同的条件和提前通知的期限；
（十二）违反合同的纠纷解决机制及应当承担的责任；
（十三）旅游服务监督、投诉电话；
（十四）双方协商一致的其他内容。

第二十九条　旅行社在与旅游者签订旅游合同时，应当对旅游合同的具体内容作出真实、准确、完整的说明。

旅行社和旅游者签订的旅游合同约定不明确或者对格式条款的理解发生争议的，应当按照通常理解予以解释；对格式条款有两种以上解释的，应当作出有利于旅游者的解释；格式条款和非格式条款不一致的，应当采用非格式条款。

第三十条　旅行社组织中国内地居民出境旅游的，应当为旅游团队安排领队全程陪同。

第三十一条　旅行社为接待旅游者委派的导游人员或者为组织旅游者出境旅游委派的领队人员，应当持有国家规定的导游证、领队证。

第三十二条　旅行社聘用导游人员、领队人员应当依法签订劳动合同，并向其支付不低于当地最低工资标准的报酬。

第三十三条　旅行社及其委派的导游人员和领队人员不得有下列行为：
（一）拒绝履行旅游合同约定的义务；
（二）非因不可抗力改变旅游合同安排的行程；
（三）欺骗、胁迫旅游者购物或者参加需要另行付费的游览项目。

第三十四条　旅行社不得要求导游人员和领队人员接待不支付接待和服务费用或者支付的费用低于接待和服务成本的旅游团队，不得要求导游人员和领队人员承担接待旅游团队的相关费用。

第三十五条　旅行社违反旅游合同约定，造成旅游者合法权益受到损害的，应当采取必要的补救措施，并及时报告旅游行政管理部门。

第三十六条　旅行社需要对旅游业务作出委托的，应当委托给具有相应资质的旅行社，征得旅游者的同意，并与接受委托的旅行社就接待旅游者的事宜签订委托合同，确定接待旅游者的各项服务安排及其标准，约定双方的权利、义务。

第三十七条　旅行社将旅游业务委托给其他旅行社的，应当向接受委托的旅行社支付不低于接待和服务成本的费用；接受委托的旅行社不得接待不支付或者不足额支付接待和服务费用的旅游团队。

接受委托的旅行社违约，造成旅游者合法权益受到损害的，作出委托的旅行社应当承担相应的赔偿责任。作出委托的旅行社赔偿后，可以向接受委托的旅行社追偿。

接受委托的旅行社故意或者重大过失造成旅游者合法权益损害的，应当承担连带责任。

第三十八条　旅行社应当投保旅行社责任险。旅行社责任险的具体方案由国务院旅游行政主管部门会同国务院保险监督管理机构另行制定。

第三十九条　旅行社对可能危及旅游者人身、财产安全的事项，应当向旅游者作出真实的说明和明确的警示，并采取防止危害发生的必要措施。

发生危及旅游者人身安全的情形的，旅行社及其委派的导游人员、领队人员应当采取必要的处置措施并及时报告旅游行政管理部门；在境外发生的，还应当及时报告中华人民共和国驻该国使领馆、相关驻外机构、当地警方。

第四十条　旅游者在境外滞留不归的，旅行社委派的领队人员应当及时向旅行社和中华人民共和国驻该国使领馆、相关驻外机构报告。旅行社接到报告后应当及时向旅游行政管理部门和公安机关报告，并协助提供非法滞留者的信息。

旅行社接待入境旅游发生旅游者非法滞留我国境内的，应当及时向旅游行政管理部门、公安机关和外事部门报告，并协助提供非法滞留者的信息。

扫我，《旅行社条例》随身带

拓展7：旅游交通知识

（1）航空

航空运输是指在国内和国际航线上使用民用航空器以盈利为目的从事定期和不定期飞行，运送旅客、行李、货物和邮件的运输。

目前，航空运输已经成为长线旅游产品的主要交通运输方式。

飞机从始发航站起飞，经过中间的经停站，最后到达终点站的经营性运输飞行叫作航班。航班按不同的性质有多种分类方法。按照经营区域，分为国际航班、国内航班和地区航班。按照经营周期，可以分为定期航班和不定期航班。

每年4月至10月使用夏秋季航班时刻表，11月至次年3月使用冬春季时刻表。

航空客票，是指由承运人或代表承运人所填开的被称为"客票及行李票"的凭证，包括运输合同条件、声明、通知以及乘机联合旅客联等内容。按照航程类型分类，可分为单程客票、来回程客票、联程客票。按照出票方式可分为纸质客票和电子客票。通常，我们常见的是单程电子客票。

民航运价按照服务等级划分，国内航线的客运价一般分为三个服务等级，即头等舱、公务舱、经济舱。另外，我国航空公司又推出了一种豪华经济舱（W）。头等舱（F）是在由头等舱布局的飞机向旅客提供头等舱座位。头等舱的座位宽敞舒适，每人免费行李额是40千克。票价为经济舱的180%到280%。公务舱（C）是在有公务舱布局的飞机上向旅客提供公务舱座位。公务舱座位较头等舱窄，每人免费行李额30千克。票价为经济舱的130%到180%。所有的国内航班上都有经济舱（Y），免费行李额为20千克。

优惠票价：对于年满12周岁的儿童，票价同成人票；年满2周岁、未满12周岁的，为半价；未满2周岁的婴儿，按成人票价的10%收费，不单独占用一个座位，无免费行李额，仅可免费携带摇篮或者可折叠式婴儿车。每位成人所带未满2周岁的婴儿超过一个的，其中只有一个可按成人全价票的10%付费，其余按成人全价票的50%付费。5周岁以上、12周岁以下的无成人陪伴儿童乘机时，应在购票前提出申请，经承运人同意后方可购票乘机。

特种票：团体旅客票，旅客人数在10人以上，航程、乘机日期、航班和舱位等级相同并按同一类团体票价支付票款的旅客，可持团体旅客特种票。

客票签转：指旅客购票后，要求改变原客票的承运人。因签转是在不同航空公司之间进行，所以签转必须在一定条件下视不同航空公司的规定而进行。

客票退票：由于承运人原因，旅客要求退票的，在航班始发地应退还全部票款。在航班经停地应归还未使用航段的全部票款，但不得超过原付款金额。以上退票不收退票费。如果是因旅客自身原因退票的，需根据不同航空公司、不同时间段，收取一定的退票费。

（2）铁路

我国列车分为国内列车和国际列车。近年来，高速铁路飞速发展。在旅游产品中，开始有越来越多的高铁旅游产品。

按车次前冠有的字母分类，我国列车有以下几类：

G——高铁列车

D——动车组

C——城际动车组列车

Z——直达特快列车

T——特快旅客列车

K——快速旅客列车

无字母的为普通旅客列车。

此外，还有一些特殊车次的列车会在节假日和初秋旅游季节开行。

L——临客普快列车

Y——郊游临客快速列车

JY——郊游旅客列车

火车票中包括客票和附加票两部分，客票可分为软座、硬座。附加票分为加快票、卧铺票、空调票。附加票是客票的补充部分，除儿童外，不能单独使用。

儿童身高为 1.2~1.5 米的，购买儿童票，一名成年旅客可以免费携带一名身高不足 1.2 米的儿童。如果身高不足 1.2 米的儿童超过一名时，另一名需购买儿童票。

从 2012 年 1 月 1 日开始，全国所有旅客列车实行车票实名制，旅客需凭本人有效身份证或复印件购买车票。同一乘车日期、同一车次，一张有效身份证只能购买一张实名制车票。

火车票退票手续费新规实行梯次退票制，网上退票手续费和其他退票方式扣费无异。对开车前 15 天（不含）以上退票的，不收取退票费；票面乘车站开车前 48 小时以上的，退票时收取票价 5% 的退票费；开车前 24 小时以上、不足 48 小时的，退票时收取票价 10% 的退票费；开车前不足 24 小时的，退票时收取票价 20% 的退票费。针对梯次退票存在的"改签规避"漏洞，铁路部门发布新的火车票退改签规定，无论网上、窗口订票，都只能改签 1 次。

（3）水路

目前水运交通主要分为四种，远程定期班轮服务，海上短程轮渡服务，游船服务和内河客轮服务。

乘坐沿海和长江客轮，1.1 米以下儿童免费乘船旅行，一名成年旅客只能带一名免费儿童。

实训练习

练习 10：完成情景对话

➢**对话一**

门市：您好，有什么要了解的吗？

客户：我想问一下，最近去青岛有哪些线路？

门市：

客户：哦，还蛮多的。我就想去个三五天，青岛不是夏天有啤酒节吗？喝喝啤酒吃吃海鲜，这才是夏天嘛！

门市：

客户：哦，那么我们住的酒店离海鲜市场近吗？

门市：

客户：好吧，我了解了，我再看看。

门市：

➢**对话二**

门市：您好，欢迎光临，有什么可以帮到您的？

客户：马上到秋天了，天气不错，想带着家里人出去走走。你们这里有什么推荐的产品？
门市：
客户：国外出去比较麻烦，还是国内吧。
门市：
客户：我们就3个人，预算吗，我就想花个5000元左右吧，也不想去太远的地方。毕竟回来后还要工作，太累了，影响第二天的工作不好。
门市：
客户：爬山是不错，不过会不会有些累啊。
门市：
客户：嗯，这个不错，湖边走走，看看树林。
门市：
客户：那我回去再考虑一下吧。
门市：

➢ 对话三
门市：
客户：哦，你好。我问一下，你们这里10月去四川的线路，都有哪些景点，大概什么价位？
门市：
客户：住宿怎样？
门市：
客户：自由安排时间多吗？
门市：
客户：好的，我了解了，什么时候报名截止？
门市
客户：我再看看。
门市：

练习11：提问训练

①客户：春天出去玩，哪些地方比较适合我们这样一大家子人的？
请根据客户的描述，找出其中缺失了哪些旅游咨询要素信息，然后设计出问题询问客人。

_____
_____
_____

②客户：我是个学生，我想要暑假出去玩？有什么适合我的旅游产品吗？我刚考上大学，我妈同意给我3000元的预算，你帮我看看。
请根据上述客户的问题，找出其中缺失了哪些重要旅游咨询要素信息，然后设计问题询问客人。

_____
_____
_____

③根据客户回答的内容，设计门市工作人员的问题。

1. 门市：
客户：三个人，预算吗，1000元一个人。
2. 门市：
客户：我不要出境游，国内好了。
3. 门市：
客户：当然要四星级的酒店啦，我可不要住到农家乐去。
4. 门市：
客户：双飞的，还是飞机快。

练习12：消除游客顾虑

①客户：不会吧，就买张去西藏的火车票，代购费要1200元。

②客户：为什么不是按照一间房间一间房间卖的，三个人住一个房间，要收三个人的费用，小孩居然还和大人一个价？邮轮怎么是这样的啊？

③客户：我是不要任何购物的，别推荐任何有购物的旅游团给我。这些购物的产品一定都有问题，你说是不是？

实训5：电话咨询

实训准备

①固定电话机
②物品（电话号码簿，电话记录本，记录用笔，计算器，客户资料等）
③仪容仪表及着装

实训目标

①掌握电话咨询的服务技巧。
②熟悉电话咨询的服务流程。
③熟练运用电话咨询沟通技巧。

实训任务

小陈已经熟悉了门市的日常工作。最近是旅游旺季，他不仅要在门市接待上门咨询的客人，还要接听许多打电话来咨询的客人。怎样才能够兼顾现场咨询和电话咨询？电话咨询有哪些注意事项？

|知识加油站|

|知识9：电话咨询服务流程|

旅游者通过电话向门市询问有关旅游产品及其他旅游服务方面的问题，这是旅游者最常用、最简便的咨询方式。

①通话准备：所谓通话准备，就是提前做好物品和预设问题的准备。由于所有的服务都在电话对话中完成，无法看到对方。所以，需要提前做好一些准备，以备记录、理清思路。通常，在电话机旁应准备一些必备用品，例如电话号码簿、记录本、便签、水笔、计算器、客户资料等。同时，根据自己的操作习惯，将电话机放置在方便自己接听及进行相关操作的位置上。

②及时问候：在电话铃声响三声后用左手拿起电话（如果是左撇子，则用右手），右手准备记录。开口报出旅行社的名称，并问候。"您好，××旅行社，有什么可以帮到您的？"

③问答阶段：这个过程的沟通与现场咨询类似，根据对方给出的信息进行判断，准确拿到关于旅游的相关信息，并给出符合要求的内容。由于这个过程是通过电话解决，自然很难进行产品的购买。所以，在回答的过程中，需将本社有关产品的优惠促销等相关信息及时传递给对方。

④记录信息：包括来电时间、来电者、问题、关键内容，这些内容可供日后与客房进行再次联系，并为签约等提供帮助。

⑤结束通话：结束通话，表示感谢，并表示欢迎游客前来门市进行现场咨询或购买产品。等对方挂断电话后再挂断电话。

知识 10：接听电话注意事项

①接电话时，声调很重要，不同语气会给人不同印象。
②代接主管或同事的电话，请先问基本资料，再转给受话者；若受话者不在线，须留下对方的基本信息。
③在电话中，少说我，多说"您，谢谢，请，对不起"。
④若接到投诉电话，先说对不起。
⑤若客人的需求和内部的状况起冲突时，必须保持冷静，不随任何一方产生情绪。
⑥客人若有交代事项，结束通话时再复述一次。
⑦由拨电话者先挂断电话。结束交谈时别忘谢谢对方来电。
⑧对客户的问题尽量做到圆满解决。

所需技能

技能 10：服务跟进

通话结束后，门市接待人员需要做后续的跟进服务。如果游客过后不久主动打电话前来进行二次咨询，门市则应及时翻阅记录，联系前一次咨询内容，与游客沟通旅游产品的信息。如游客并没有二次咨询，也没有前来，可以回电给游客，说明相关产品的最新消息，并可预约上门详谈具体细节。如果打电话前来的是大单客户，则应该上门服务，并提前预约。

技能 11：记录、整理信息

电话咨询记录单			
时间		姓名	
旅游方向		预算	
人数		个人或单位	
备注：			

在接听电话过程中，需将重要信息记录于上述表格中。

整理信息，其实就是一个统计的过程，可使用 Office 软件中的表格制作软件进行统计，以获取一定阶段游客咨询内容的倾向，为产品设计部门策划新产品提供指导。

实训练习

练习 13：咨询案例分析

根据所给案例，指出门市工作人员咨询服务时的不当之处，并说明最佳处理方法。

案例 1：一日，门市服务人员小王一人在门市值班，这时，推门进来一对中年夫妻，咨询十一去南京的旅游线路。小王正在接待时，咨询电话响起，小王赶紧拿起电话："你好，××旅行社，请讲！"电话里的客人是咨询十一黄金周想去日本旅游的事宜，小王在电话里耐心地对客人提出的问题一一解答，不知不觉几分钟过去了。在一旁等着的那对夫妻中的先生用手敲敲桌面，脸色很难看地说："是不是我们的生意太小了，你懒得做啊！"说完愤然离去。第二天，客人将此事投诉至旅行社领导处，反映小王服务态度恶劣。

_____
_____

案例 2：一日，小张在门市做接待工作时，门市上咨询的客人比较多，这时，咨询电话响起，是要咨询办理法国签证的事情，小张对电话里的客人说："不好意思，我这边正好有个客人在签合同,您稍等,电话别挂,我马上答复您。"电话里的客人表示理解。小张在和柜台上的客人签订好合同时,已经是 10 分钟以后了,等小张想起来电话里还有一位客人还等着他回复的时候,对方已经挂机。

_____
_____

案例 3:由于小王在上午的工作中发生了一些小失误,导致客人投诉,被领导批评后,心情很郁闷。这时,门市咨询电话响起,小王懒得接听,电话响了七八次后才拿起电话,有气无力地说:"你好,找哪位?"电话里传来着急的声音,原来一位客人在机场办理登机牌时发现名字出错了,想找开票人员解决一下此事。这时,开票人员正好不在位子上,小王回答说:"他不在!"随后,客人又问开票人员去哪儿了,如何才能找到他,小王不耐烦地回答:"他去哪儿了我怎么知道,你机票名字错了,就找航空公司帮你解决吧!"说完把电话挂了。

_____
_____

练习 14:对话练习

> 对话一

电话铃声响起……

门市:

客户:哦,你好,我想问一下关于十一旅游的事。

门市:

客户:我姓张。

门市:

客户:计划 4 到 5 天。

门市:

客户:我们一家三口。

门市:

客户:大概 1000 块吧。

门市:

客户:我要跟团的,自己走太累。

门市:

客户:还是喜欢到湖边走走,有小孩不会太累。

门市:

客户:哦,我了解了,我考虑一下。

门市:

客户:再见。

> 对话二

电话铃声响起……

门市:

客户:哦,好的。我想问一下,你们最近有什么好的产品?

门市:

客户:国内国外我都可以,价钱吗,只要不死贵的就行,关键要舒服一些,别太累。

门市:

客户：我走不动的，最好别让我到处走。
门市：
客户：听上去还不错，那么飞过去要多久啊？
门市：
客户：哦，住得怎样？
门市：
客户：好吧，我了解了，你们有那种电子的宣传资料吗，发给我看看。
门市：
客户：可以，微信就是我的电话号码。
门市：
客户：再见！
门市：

实训6：其他咨询

实训准备

①即时通信工具，如QQ、微信等。
②连接网络的电脑，每人一台。

实训目标

①掌握信函咨询的服务流程，能撰写咨询信函内容。
②熟练使用电子邮件处理信函。
③掌握网络咨询的服务规范和操作形式。

实训任务

小陈熟练地在门市工作了一段时间，业务能力也得到提升。最近许多大型企业开始与旅行社接触，原来是为了给企业的员工筹划活动。小陈接到了其中一家单位的电话，30人的活动名额，要求有丰富的拓展活动。这可不是现成就有的产品，需要旅行社根据企业的要求进行定制。小陈根据要求，向同事认真讨教学习，最后将一份细心制作的资料和报价单通过电子邮件发送给了对方。当然，小陈的工作也变得繁忙起来，不仅要完成现场、电话咨询，同时还要兼顾旅行社网页上出现的各种网络咨询。为了保证每一位客户都能得到很好的咨询服务，小陈为此还整理出一份游客的常见问题，做了回答之后，放在了网页的常见问题一栏中。这个处理给小陈的工作带来了很大帮助。

知识加油站

知识11：信函咨询

信函咨询，是指门市工作人员以书信形式答复旅游者提出的关于旅游方面和旅行社产品方面的各种问题，并提供各种旅游建议的服务方式。常见有电子邮件、传真和纸质信件，现在，由于互联网技术的普及，电子邮件成为信函咨询的主要手段。

信函咨询的服务内容：

①查收阅读信函：每日及时查收和阅读信函，不遗漏任何有关旅游产品咨询或者办理的信息。关于咨询的信函，应及时进行处理。如果有出现报价咨询等内容，需转发计调部门，待计调部门处理后再回复或处理。

②处理回复信函：回复信函时注意使用本社固定的样式，这样既正式又尊重对方。回复文件较大的，务必使用附件形式发送。

知识12：网络咨询

网络咨询，是指利用互联网技术，使用网页、即时通信工具、FAQ等网络咨询方式，为游客提供实时或者留言咨询。

网络咨询服务的形式：

①即时通信软件：在线客服是网站设计时嵌入通信软件的一种方式，当访客点击页面一侧的通信软件的链接时，会自动与在线的QQ链接，打开对话窗口。这种方式目前是网络客服使用最为频繁的一种。微信是近年来旅行社网络客服的一种最新形式。微信提供公众平台、朋友圈、消息推送、群聊天等功能，让客户通过平台就可以观看相关旅游产品，也可通过消息推送及时与销售人员联系。微信已经成为当下最广泛使用的信息沟通工具。

②网站在线客服：网站在线客服，或称网上前台，是一种以网站为媒介，向互联网访客与网站内部员工提供即时沟通的页面通信技术，是旅行社与访客进行互动的平台。网站在线客服系统具有易部署、低成本、易管理的特点，和网站无缝对接，不需再安装其他通信软件。网站在线客服提供的功能十分强大，既可以实现访客与客服之间的交流，又可以转接其他客服，并可以完成客户的档案管理。

③留言区咨询服务：留言区是网站设计中设置的一个供用户进行信息交流的页面或窗口。需要留言的访客留下个人信息、联系方式等。看到留言时客服及时回复该内容。由于留言区的使用，会给客服的服务带来一定的便利。但是，由于不是即时回复，还是会给客户的体验感带来一定的影响。

④ FAQ 服务：FAQ 是英文 Frequently Asked Questions 的缩写，中文意思就是"经常问到的问题"，更通俗一些，就是"常见问题解答"。在旅行社的网页中，专门辟出一块区域作为 FAQ，将访客经常询问、重复率较高的问题集合在一起。内容呈现方式是，问题＋解答，方便访客浏览。问题较少的可逐行显示，若问题内容较多，则可分类进行汇总，以目录索引显示。

所需技能

技能 12：撰写信函

收到一份来电索取材料的邮件：

某某旅行社

你好！

我在你们公司网站上看到，你们推出了一系列去四川旅游的新产品。我对九寨沟、黄龙五日游非常感兴趣。但是网站上内容不太详细，能不能发一份详细资料给我。

陈××

阅读邮件后发现，陈先生对旅行社的"九寨沟、黄龙五日游"非常感兴趣，想索取一份详细资料。通常，线上网站信息罗列都十分清晰，游客一般会通过在线客服进行询问。而实体旅行社在网站所列的产品较旅游网站内容偏少一些，所以游客会通过客服、电话、电子邮件进行进一步咨询。作为工作人员，回复如下：

陈先生：

您好！

感谢您对我们旅行社的信任，现将"九寨沟、黄龙五日游"旅游信息发给您。请商榷，确定后联系我们。祝合作愉快！

××旅行社
2018 年 8 月 1 日

实训练习

练习 15：撰写信函

①作为一名旅行社工作人员，请撰写一份电子邮件的回复信函。游客想了解国庆节昆明—丽江—香格里拉 6 日游的旅游信息。

②作为一名旅行社门市工作人员，请撰写一份电子邮件的回复信函。游客想了解春节期间前往东北冰雪游的相关信息。

练习 16：发送传真

使用传真机，完成下列操作：

某某旅行社：

你好！

一直以来，我方对贵社的旅游产品甚感兴趣，我公司计划于 5 月初奖励一批员工到华东五市旅游。请贵社将该旅游产品的具体资料传真告知我们。传真号：××××××××，并请将产品的具体报价及各细节一并告诉本公司。

某某公司敬上
2018 年 8 月 1 日

项目三　产品推介

旅游产品推介是旅行社门市服务人员向旅游者推荐介绍旅游产品，帮助游客深入了解产品的特点，或者根据旅游者的要求，设计定制产品，最后促成其购买的服务。对于旅行社而言，销售旅游产品获得收益这才是旅行社长期经营下去的重点。

实训 7：团队产品推介

团队旅游产品包括包价旅游产品和自主组团旅游产品，前者是旅行社根据以往经验和市场需要，预先安排食、住、行等旅游要素组合而成的产品，里面的相关服务无法更改。后者则是根据个人或企业的要求，专门定制的独立成团的旅游产品，其中的项目根据游客的要求进行定制，最后组合而成包含食、住、行等基本旅游要素的包价团队产品。

实训准备

①仪容仪表要求：夏季上装以浅色衬衫为好。下装深色，裙子宜到膝盖处为好，不宜过短或过长，裤子宜长裤。其他季节可以考虑全套西装配皮鞋。一般工作场所都有空调，所以着装不宜过于厚重。妆容以淡妆为主，配饰简单。男生注意发型要整洁干净，佩戴手表，给人以干练的感觉。

②备好旅游产品资料。

③计算器，初步计算报价。

实训目标

①熟悉团队产品的概念和特点。

②掌握团队产品推介的步骤。

③能够运用推介技巧为游客服务。

实训任务

旅游旺季来临，每天都有许多游客前来咨询和了解当季产品。想要出游的游客很多，小陈需要及时做好推介，提高产品的购买率。

知识加油站

知识 13：团队旅游产品推介服务流程

①谈话询问，了解需求：这个环节是后续几个环节的基础，所有的信息来源都要靠门市工作人员通过与游客沟通得来。对于游客提出的要求，门市工作人员必须了解掌握其出行的重要信息，如出行动机、要求、人数、年龄、身份等信息。团体产品由于是由单位组织，所以与组织者沟通尤为重要，尤其要了解清楚组织者组织此项活动的目的和动机。

②分析需求，确定方向：为帮助游客明确自己的需求，可将本社类似的旅游产品提供给游客作为参考。借用已有产品的信息，与游客进行商讨，确定游客所需产品的大致方向。如果已有产品的安排符合游客的要求，可以对该产品进行推介，说明使用已有产品的优势。如果游客对已有产品并不满意，可以与游客进行商议，沟通确定内容。

③提出方案，编制日程：由于此类线路是根据游客的需求定制的，所以需要根据沟通得来

的信息，进行初步规划，提出一个方案，尝试就该方案安排一下日程。该部分内容的操作视各旅行社的要求进行。有的旅行社是由策划部门或者计调部门进行操作，有的旅行社是由门市进行操作。但是不管由哪个部门操作，解释工作一般都由门市工作人员参与其中。本环节由于有方案的提出，所以并不要求一定要在当日完成，视产品内容的多寡进行编制。若内容较多，制作较难，则可以和游客约定方案提交的日期。其中的报价则需要由后台的计调人员进一步落实和核算。

④推介释疑，促成购买：到达这一步，意味着游客对旅行社做出的方案及报价等内容已经认同，但是游客依然会就里面的一些细节提出自己的看法。这个时候，门市工作人员应积极进行释疑，并就产品符合游客的要求进行说明，解释其能够达到的目的。

所需技能

技能 13：报价计算

旅游产品的报价一般包括综合服务费、住宿费、餐费、交通费、门票费、导游服务费等。在对游客进行报价时，遵循旅行社对于报价预算的要求。对外报价一般有两种方式，毛利加成法和毛利化解法。这部分内容通常由旅行社计调人员进行落实和核算。门市人员在与游客进行沟通时，给游客所看的报价都是经过计调人员核实过的价格。

给出报价时，将各项目费用罗列出来做分类报价，并进行解释。

厦门土楼双飞四日行程安排

D1	上海虹桥机场乘航班飞往厦门，游览游集美学村、陈嘉庚故居、归来堂、陈嘉庚公园—鳌园集美解放纪念碑、龙舟池、南石雕—陈嘉庚墓、集美大学（游程约 2 小时）	中、晚	宿厦门
D2	乘船前往著名的海上花园、钢琴之岛—鼓浪屿，漫步万国建筑群，远眺全岛最高峰—日光岩，游览菽庄花园；港仔后海滨；金门环岛游（自理 126）	早、中、晚	宿厦门
D3	早餐后 BUS 往永定土楼（3 小时），中餐后游世界上独一无二的建筑奇迹——客家民居土楼群（游程 2 小时），后返厦门	早、中、晚	宿厦门
D4	早餐后游胡里山炮台（游程约 1 小时），观世界上最大的炮，七彩环岛路海边拾趣。闽南名刹—南普陀寺（游览时间 40 分钟）。乘航班飞上海	早、中、晚	

分类报价

1. 住宿	300 元 / 人	100 元 / 人 ×3 晚 =300 元（挂三，含早），周末加 10 元 / 人
2. 门票	168 元 / 人	集美 30 元 + 胡里山炮台 25 元 + 轮渡 8 元 + 菽庄花园 30 元 + 土楼 90/75 元
3. 餐费	240 元 / 人	30 元 / 人餐 ×8 正 =240 元 / 人
4. 景交	90 元 / 人	空调旅游车座 35+1+1；2700 元 / 台（分段用车）
5. 导服	75 元 / 人	优秀导游服务 + 全陪 70 元 / 人，三选二：茶叶、鱼油、菜刀
6. 机票	1280 元 / 人	暂定非周末 5 折 960×0.5=480 （480+160）×2=1280，以名单为主
7. 保险	20 元 / 人	航空保险及旅游意外险
8. 接送	40 元 / 人	
9. 毛利	200 元 / 人	
价格：2400 元 / 人（至少 10 人成团，不足人数出团需补偿车费和导游服务费）		

各项费用都计算到个人，例如，酒店房间一般是按照间数作为计量单位，但是，通常酒店房间都是 2 人一间，因此，给出的酒店价格需要除以 2，分派到个人。旅游车辆是以一辆车的一天价格为计价单位，因此需要将车费除以出游人数计算，分派到个人。

> **拓展提高**

拓展 8：识别游客购买产品的信号

（1）询问细节

游客开始关注产品后，会询问其中的细节，来与其心里的要求进行一一验证对位。如询问具体的航班、上车要求、景区点周边的环境、酒店住宿等。当这些问题出现时，即表明这个游客内心深处已经出现想要购买产品的信号，门市工作人员需抓住时机，耐心回答。

（2）询问价格

通常，游客开始询问价格时，表明其有想买的意愿。之所以还未决定，只是对产品的某一块，或者因购买产品内心深处有缺失感未得到满足引起的。我们要做的就是让游客感到购买了产品后并不会缺失什么或损失什么，相反还会得到什么。一般游客会通过多次询问价格，或者讨价还价的方式来体现他对价格的关心。究其原因，在于他对价格还存在疑问。所以，通过洽谈价格，也可给予一定的优惠，让游客的心理得到满足。

（3）行为信号

游客对于产品一旦有了认同感，并愿意购买时，他会在行为上有所表示。例如，频繁地点头，是内心表示认同；对工作人员微笑，赞同其说法，是接受的表示；与工作人员开始谈论自己对于某旅游的想法、观点，是将自己置于旅游中的想法；反复查阅资料，来回询问其中的细节；自己开始思考……当这些信息出现后，游客购买的概率会非常高。门市工作人员需抓紧进行推介。

> **实训练习**

练习 17：报价计算

①朱家角一日游，30 人团，青年团，午饭加晚饭，大清邮局 10 元每人，课植园 20 元每人。客车包车：1200 元/天，午、晚餐 30 元每人。综合服务费每人 20 元，导游服务费 15 元每人。

_____

_____

②请计算一份经济型上海两日游旅游产品 30 人旅游团的报价。

可选项：虹桥饭店午晚餐 30 元/位，鼎泰丰午晚餐 100/位，银河宾馆 320 元标间，华尔道夫酒店 2700 元标间，半岛酒店 890 元标间，客车 45 人包车价 1500 元一天，客车 55 人 1800 元一天，客车 35 人包车价 1200 元一天。门票：东方明珠 160 元一张，水族馆 160 元一张。导游服务费 25 元一人，综合服务费 100 元一人。

_____

_____

练习 18：模拟需求完成对话

选择携程、同程、驴妈妈网站上的产品，模拟不同需求（疗养、奖励旅游、观光等），两两组合进行门市人员和游客之间的对话，加入下方要求，并写出对话过程。

①产品总价不得超过 5000 元,员工允许带一名儿童。

②组团游客都是老年人,年龄在 55 周岁以上。

③全团都是女性。

④暑期研学游,学生年龄 12~15 周岁。

实训 8:散客产品推介

散客产品如今在旅行社多为散客拼团产品。散客根据自己所需,选择满足自己需求的产品,与其他有同样需求的游客组成团队。散客产品分为两类:一类为包价产品,预先设计旅游线路及相关服务的包价产品;另一类则为仅含有几个服务项目,自由度较大的组合产品,例如机票十酒店,其他内容则由游客自行安排。这一类产品提高了游客旅游的自由度,同时也为旅行社拓宽市场,吸引更多游客提供了新途径。当然,这也给门市工作人员带来了更大的挑战。

实训准备

①按要求整理仪容仪表。
②准备旅游产品资料。

实训目标

①熟悉散客产品的概念和特点。
②熟悉散客产品推介的步骤。
③知道如何应对游客对产品价格产生的疑惑。

实训任务

越来越多的游客前来咨询自由行的产品，小陈的工作开始变得更加忙碌起来。可是，对于自由行，每个游客都有着自己的想法，小陈不得不花许多时间去解释，同时还要做好及时推介。游客的要求越来越高，这给小陈的工作带来了许多挑战。

知识加油站

知识14：散客产品推介流程

①谈话询问，搜集信息：要想得到信息，只有主动出击。对于门市工作人员而言，会问，会看，会搜集信息，这是最基础的工作技能。通过与游客的谈话，了解游客是需要参加自由度较高的机票+酒店产品，还是需要自由度较低的团队产品。需要知道游客对于旅游几大要素中更看重哪一块内容。确定游客的出行目的、预算。

②分析需求，提供参考：基本掌握了游客的信息后，开始就掌握的信息进行分析，并拿出匹配的本社产品。给予游客多个选项，由其选择。

③解释疑惑，把握时机：游客阅读相关资料后，会提出一些疑惑，门市工作人员需及时进行解析，并重点突出产品的卖点及与游客需求的匹配度，消除游客的疑惑。

④积极推介，促成购买：游客的疑惑得到消除后，会出现初步购买的意向，或询问价格，或询问旅游细节，工作人员需及时进行推介，说明现在购买的时机，促成购买。

所需技能

技能14：赞美游客

您的眼光真好！
您的品位真是不错！
您一定是位热爱旅游的行家啊！
您的见解真是独特！
您的眼光真是独到，一眼就看出了这个产品的特点！
真没想到，我今天遇到了一位云南游的爱好者啊。

适当的赞美可以让游客心情愉悦，对当下的产品的接受程度也会提高。说到底，除了产品质量得到保证之外，旅游产品的推介最关键的是人与人之间的交流互动。适当的赞美可以帮助我们促进交流，提高推介的成功率。

技能15：价格解析

到达推介的最后一步，往往会进入到关于的价格的一番论战中。游客会提出许多关于价格的问题，所以工作人员要知道各种不同的价格问题的应对方法。游客提出价格疑惑，背后可能存在这几个问题：讨价还价，争取更多旅游项目，提高旅游项目中的等级，不想咨询了。无论游客提出怎样的问题，有一点是门市工作人员需要知道的，那就是我们无法去更改产品中的任一服务项目。

（1）"这个产品价格，有点贵了。"

针对提出这一问题的游客，其目的是想得到一些价格上的优惠，或者是能够增加一些项目来让自己的付出得到额外的回报。但是，一般的产品是不能再增加项目的。所以，门市工作人员应从贵有所值、从产品组成的项目其背后的价值去解析，贵的产品有贵的价值。如果游客执意说贵，门市人员可以拿出第一档次的产品与其对比，让游客看到物有所值。

（2）"我负担不起"或"我消费不起"

遇到这一类问题，先判断一下是否属实，是游客想要增加项目或是要优惠，还是真的负担不起。如是前者，则按照（1）的处理方法去处理；如果是后者，则拿出相似线路的不同价格区间让游客去选择。

（3）"我手头现金不足"或"我想买啊，可我现在没法支付"

提出这类问题的游客，其内心是想购买的，但是一下子付出去一笔钱，心中还有些不舍，因此会提出各种问题来回避。这个时候，可以告知其还有许多其他支付方式。购买产品不一定要付全款，可以用付定金的方式将产品预订下来。

（4）让对方下定决心的话

"不过，我们的这个产品限额快满了，再过几天可能就没有了。"

"是不是我讲得还不周全，或者您觉得我们公司的服务还不到位？"

"不好意思，我很想知道您现在考虑的是什么，我知道您的考虑一定是很慎重。"

"这个产品不适合您吗？这里的许多条件都符合您的要求，恐怕比较难找到这样的产品。"

"是啊，是需要和家人一起商量。不过有的时候给家人一个惊喜也是不错的选择。"

拓展提高

拓展9：不同类别游客的产品购买倾向

（1）不同年龄段

青年游客	中年游客	老年游客
较容易接受新鲜事物，对于比较新颖的旅游产品较易接受。购买行为有明显的冲动性	购买行为较理智，考虑细节较全面。倾向购买已经比较成熟且经过实践检验过的产品	喜欢在自己熟知范围内的事物，不易接受新鲜事物

（2）不同性别

男性	女性
购买心理较理智，关注产品的实质内容，不易被情怀、感觉等非实体性的内容影响。关注实际性价比，一旦产品内容符合自己所需，会较快完成交易	易受外界影响，在产品中不仅要求质量同时会投射一定的情感情怀。询问内容非常细致，对于旅游日程之外的内容也会很关心

（3）不同人生阶段

单身阶段	这个阶段是最自由、最愿意去尝试各种新鲜事物的阶段 新颖、新鲜产品的主要购买群集中在这一阶段
新婚无孩	尝试新鲜产品的需求与单身阶段相似，但更讲究两人在一起的浪漫和温馨
婚内+婴幼儿阶段	相较其他阶段，出行的要求配置会很高，孩子年幼，一切以保证孩子的游玩需求为准。因此，购买倾向也会关注有无针对孩子的服务内容，有无充足的休息时间
婚内+儿童少年阶段	注重旅游产品中相关内容的教育特质，关心孩子的感受。不易受到外界的影响，更关注自身对产品的喜好和细节的把握
老年父母+成年儿女	这一阶段主要是让父母走出家门，到外界游览。关注点集中在老年父母身上，多考虑他们对于产品的感受和喜好

（4）不同收入水平

低收入	中等收入	高收入
关注产品内容的多寡，以最高性价比要求尽可能游览最多的项目。较纠结于价格的高低，对于每一处细节都非常在意	对于产品的质量更为在意，看重自身的体验和感受。对于价格，关键在于是否体现了应有的服务和质量	对于产品能够体现自己的需求，满足自己的感受和体验更为看重。要求一定的自由度

实训练习

练习 19：赞美练习

请说出至少 10 句赞美同学的话，要求不能重复。

练习 20：判断旅游产品的适应人群

〈三亚 4 日自由行〉

〈英法瑞意 12~13 日游〉畅游欧洲

〈大阪—奈良—京都—神户 5 日游〉途牛独家，关西深度，2 天自由行

〈厦门—鼓浪屿双飞 4 日游〉

〈大明山—太湖源—琴湖飞瀑 2 日游〉

〈地中海邮轮辉煌号环游地中海 12 日〉上海往返，畅游奢华迪拜

〈绵阳—地震遗址—九寨沟—黄龙双飞 5 日游〉环线旅游

〈巴厘岛 4 晚 6 日游〉金银岛＋蓝梦岛双岛游，含漂流，泳池别墅

〈苏州—乌镇—杭州 3 日游〉

〈杭州西湖—宋城—黄龙洞 1 日游〉

〈西塘自驾 2 日游〉沉醉夜色西塘，宿西风瘦马客栈

实训 9：旅游产品促销

实训准备

①微信公众号平台。
②按要求整理仪容仪表。
③有固定电话。

实训目标

①知道如何执行旅行社的促销方案。
②知道如何发布促销方案。
③知道如何撰写简单的促销文案。

实训任务

小陈所在旅行社最近针对学生暑假策划了一个研学暑托班。为了让更多人知道这个暑托班，旅行社针对对应人群展开了促销。作为门市人员的小陈，自然要承担一部分工作内容，可是要怎样完成任务呢？

> 知识加油站

如今，随着科技的发展，促销的阵地逐渐转向互联网，发送传单、寄送资料等已经渐渐淡出人们的视线。常见的新产品告知方式主要有互联网网页广告、微信公众号推送、短信等。

知识 15：微信公众号的使用

使用微信公众号必须先用邮箱或手机号注册一个账号，挂靠微信号方可进入。由于公众号仅提供最简单的文字编辑方式，所以为了达到更好的文字编辑目的，可以另外选择微信公众号编辑器，例如秀米、小蚂蚁等，使用都十分方便。在编辑器内编辑好文字后，全部选择复制到公众号的文件编辑内，根据自己的喜好再做调整就可发布。微信公众号发布的信息，每天只能一条。

> 所需技能

技能 16：撰写文案

住在××的孩子这个暑假有福啦！
位于7166号公路的枇杷园田间课堂——
"**暑期特色托班 半日精品课程**"正在火热招生中，现在报名可享**158元立减优惠**哦~

还不知道孩子暑假如何安排？
还在担心孩子暑期没地方去？
快来报名"**小厨房 大学问**"暑期半日精品课程吧！
在这儿有专业舒适的哈途教室可以阅读学习
有充满自然生态气息的**枇杷园田间课堂**
可以实践探究拓展
还有专业的师资团队带教
四大主轴的课程让孩子的能力得以提升，
更懂得感恩

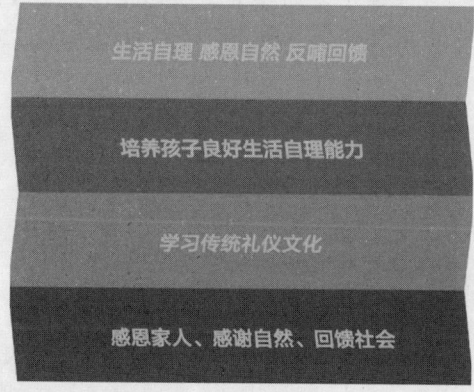

如图，这是微信公众号发布的一则暑期托管班的促销广告。文案开头的"孩子""暑假"，直接表明针对的人群，让看到这则广告的客户非常清晰明确其定位。接下来，针对暑假托管班告知具体的内容，"暑假特色托班，半日精品课程"，明确了广告的主题内容，而后续158元的立减优惠，让游客明确了这则广告是促销广告。

具体到里面的内容，则在后面用详细的文字去阐述。因为重要的信息，都在前三行显示完毕。感兴趣的游客自然会看下去，而不感兴趣的游客看了前三行就知道大致的情况，不会再浪费时间。

通过这个案例我们可以得知，写促销文案最重要的是前三行，即促销内容，针对的人群，活动的目的。这三个内容也是游客最想了解的。其表述越是清晰，目标人群的定位就越是准确。

撰写要点：
①促销广告前三行，锁定目标人群、促销内容、活动目的。
②不要太过烦琐的形容词，简单直接，表达清晰。
③定位准确，内容用简单清晰的语言呈现，让人一目了然。

拓展提高

拓展10：新春迎新亲子趣味定向活动策划方案

1. 活动日期：　　年　月　日（星期五）
2. 活动地点：生态枇杷园
3. 活动对象：
4. 活动费用：
5. 主办单位：

一、活动宗旨

幼儿除了参加课堂教学上的课程活动外，平时很少有社会实践的机会，然而，大自然是我们广阔的教室，教室外的世界，赋予我们取之不尽的资源，处处蕴含着教育契机。

生态枇杷园是集种植、养殖、旅游、科普教育、体验、趣味农家乐等为一体的综合性生态园。为使更多学生及广大民众体会、认识枇杷园的绿色环保生态，枇杷园田间课堂举办了一场科普定向活动，让参与者在趣味活动、闯关、解谜中，学习科普知识，了解绿色生态，进而爱上、尊重、敬畏、感恩大自然。

二、活动内容

（一）关卡规则：按照任务书上的关卡顺序，找到关卡地点并根据规则完成任务。每完成一关，将会得到一个红包，红包里藏有不同字卡，在完成六个关后，回到田间课堂，将红包内的字卡拼成句子，并向老师说出完整句子，即可获得奖品。

（二）关卡内容：
（略）。

三、活动详细安排表

12：15——12：30　　枇杷园田间课堂集合
12：30——13：00　　相见欢，讲解游戏规则
13：00——15：30　　新年趣味定向活动
15：30——16：00　　总结；颁奖

四、景区简介

（略）。

五、活动特别注意事项：
1. 携带好个人水壶。
2. 穿着方便舒适的衣服及鞋子。
3. 认真聆听老师说话，清楚知道活动规则及安全须知。
4. 在园中及水源区不奔跑、推拉、嬉戏；注意自身与他人安全。
5. 不随意触摸、拿取基地物品，不破坏公物。
6. 活动中认真观察、仔细探究，积极参与活动。
7. 自备垃圾袋，以便存放垃圾，注意保护环境卫生。
8. 培养时间观念，集合时不迟到，跟紧队伍，不单独行动。
9. 带队人员统一着导游服、举导游旗，团队统一配车贴，请学生们熟记标识。
＊以上注意事项请贵单位相关人员向所有参与者告知。

实训练习

练习21：练习写促销文案

根据所给的内容，写促销文案的前三行，要求目标人群清晰、内容准确、目的明确。
①海南三亚5日4晚跟团游，自营纯玩。适合人群：情侣
_____
_____
_____

②上海+绍兴5日4晚跟团游，深度研学。适合人群：亲子或高年级学生
_____
_____
_____

③徽杭古道2日1晚跟团游。适合人群：徒步爱好者
_____
_____
_____

练习22：在微信公众号上推送促销广告

请注册一个微信公众号，推送一则自己编写的旅游促销广告。

项目四　手续办理

门市接待人员在向游客完成旅游产品推介后,仅有口头协议是不够的,双方还需要签订书面的旅游合同,并交纳相关费用,开具发票之后,才能正式确立双方的服务与被服务的权利义务,这是维护旅游者和旅行社合法权益的基本保证。当游客决定购买旅行社产品后,门市接待人员应及时为其办理相关手续。

实训 10：委托代办手续

实训目标

①学会代办手续的操作流程步骤,能为前来办理委托代办业务的游客提供优质的服务。
②掌握迎接客人所需的礼仪要求,能用规范的询问方式了解客人需求。
③知道本旅行社代办内容的分类,知道简洁明了地介绍旅游产品的技巧。
④掌握告别客人的礼仪,能使用适宜的行为。

实训任务

在门口的迎客岗位实习了两周,小张渐渐学会了对每位游客"察言观色"。从这周开始,小王开始了代办业务岗位的实习。这天上午,小王正在电脑前熟悉公司的产品线路,这时,一位女士推门进来,小王见到立刻起身笑脸相迎,礼貌招呼之后,女士提出想利用假期带家人去新加坡自由行,需要旅行社代办前往新加坡的签证,于是小王请其落座,开始为其提供周到的服务。

知识加油站

知识 16：旅行社代办业务

旅行社代办业务,俗称单项委托服务,是指旅行社为散客提供的各种按单项计价的可供选择的服务。

知识 17：旅行社代办业务的构成

①抵离接送。
②行李提取和托运。
③代订饭店。
④代租汽车。
⑤代订、代购、代确认交通票据。
⑥代办入境、出境、过境临时居住和旅游签证。
⑦代办会务组织。
⑧提供导游服务。
⑨代办各类门票、演出票、赛事票等票务服务。
⑩代向海关办理申报检验手续等。

所需技能

技能 17：委托代办

对于前来门市办理单项委托业务的旅游者，通常采用以下几个接待步骤：

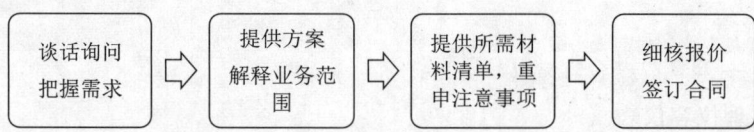

谈话询问 把握需求 ⇒ 提供方案 解释业务范围 ⇒ 提供所需材料清单，重申注意事项 ⇒ 细核报价 签订合同

拓展提高

拓展 11：旅行社单项委托服务

目前，国家旅游局尚未颁布旅行社单项委托服务等统一示范合同文本，只有部分省市旅游主管部门出台了相关示范文本。

扫二维码可查看和保存《杭州市单项委托合同》示范文本。

扫我，带我出团！

实训练习

练习 23：签订委托代办合同

请根据所给的情景，完成代办合同。

（1）工商信息学校旅游部的陈老师，决定在 2018 年 1 月 10 日组织一次针对学校班主任的活动。活动地点定在朱家角古镇，时间为上午 9 点至下午 4 点。此次共有 32 位班主任参加，包括实习班班主任。此项活动需要租一辆大巴，陈老师与 ×× 旅行社的门市人员联系。此次活动适合租一辆 45 座的大巴，该大巴一日租费为 1500 元。如果取消预订，需要提前 5 天通知旅行社，否则将支付 20% 的违约金。请根据这个情况填写单项委托合同。

（2）某机电公司市场部经理及 2 名员工，需要前往兰州参加当地举办的一次投标会。由于时间紧急，没有时间订机票和酒店，于是要求旅行社帮忙订妥。市场部三名与会人员需要 12 月 11 日前往兰州，12 月 14 日返回。经查询，前往兰州的飞机航班中，国航 CA1935 是 560 元由上海浦东机场开往兰州，上航 FM9214 是 1100 元由兰州返航，符合需要的时间要求。由于有公司财务报销要求，所以选择经济型酒店最为合适，全季酒店 322 元一间。如果取消订单，必须提前 5 日通知旅行社，否则需要支付 20% 的违约金。

练习 24：完成情景对话

请根据情景中客户与客服人员之间的对话，完成对话。

客户：我要去西藏，买不到火车票，你们能帮我买到吗？
客服：＿＿＿＿＿＿＿＿＿＿＿＿＿＿＿＿＿＿＿＿＿＿＿＿＿＿＿＿＿＿＿＿＿＿＿
客户：什么，代购费倒是可以，那我需要提供些什么材料？
客服：＿＿＿＿＿＿＿＿＿＿＿＿＿＿＿＿＿＿＿＿＿＿＿＿＿＿＿＿＿＿＿＿＿＿＿

客户：为什么要收我 20% 的违约金，我不去了难道还不能取消吗？
客服：_____

实训 11：办理国内旅游手续

实训准备

①按要求整理仪容仪表。
②准备好办理业务的相关文件。

实训目标

①学会办理国内旅游手续的步骤，能为前来签订合同的游客提供优质的服务。
②掌握迎接客人所需体现的礼仪要求，能用规范地语言向客人解释合同条款。
③掌握告别客人的礼仪，能使用适宜的行为。

实训任务

前一天下午，小王接待的一对情侣今天上午又来到了旅行社的门市部。一见到小王，他们立刻上前对小王说："我们昨晚已经商量好了，就听你的推荐，我们去三亚度蜜月，参加你们的 11 月 8 号的三亚旅游团。"小王于是与他们签订了旅游合同。

知识加油站

知识 18：国内旅游服务

国内旅游服务，指旅行社依据《旅行社条例》等法律法规，组织旅游者在中华人民共和国境内（不含香港、澳门、台湾地区）旅游，代订公共交通客票，安排餐饮、住宿、游览等服务活动。依据《旅行社条例》的规定，旅行社提供国内旅游服务，必须与旅游者签订旅游合同。

知识 19：旅游服务合同

旅游服务合同是一种有名合同。根据《中华人民共和国旅游法》第五十七条规定，旅游服务合同是指旅游经营者与旅游者约定旅游活动过程中旅行社和旅游者之间权利义务关系的协议。该法第五章对"旅游服务合同"做了专门规定，目的在于保障旅游者和旅游经营者的合法权益，规范旅游市场秩序，保护和合理利用旅游资源，促进旅游业持续健康发展。

为贯彻落实《中华人民共和国旅游法》，2014 年，国家旅游局会同国家工商行政管理总局联合修订了《团队境内旅游合同（示范文本）》《团队出境旅游合同（示范文本）》《大陆居民赴台湾地区旅游合同（示范文本）》和《境内旅游组团社与地接社合同（示范文本）》（以下简称"示范文本"）。

知识 20：旅游保险知识

旅游保险的主要产品有旅游人身意外伤害保险、交通工具意外伤害保险、旅游救助保险和旅游求援保险等，其中，前两种为基本保险。下面简要介绍这两种基本保险。

旅游人身意外险，简称"旅意险"，指在合同期内，在旅行社安排的旅游活动中，遭遇外来的、突发的、非疾病导致的意外保险。保险期限一般指旅游者踏上旅行社提供的交通工具开始，到行程结束后离开旅行社安排的交通工具止。旅游意外保险是一种短期保险，保的是游客不是旅行社，是由游客自愿购买的短期补偿性险种。"旅意险"的保障范围大致分为四部分：人身意外保障、医疗费用保障、个人财物保障、个人法律责任保障。

交通工具意外伤害险，是指在保险期内，被保险人以乘客身份乘坐民航客机或商业运营的火车、轮车、汽车期间遭受意外伤害事故导致身故或残疾的，保险人依照约定给付的保险金，且给付各项身故保险金和残疾保险金之和不超过各对应项的保险金额。

知识 21：旅游费用支付相关知识

按照旅游服务合同的规定，旅游者可以先支付不超过 20% 的旅游费用作为定金或者直接支付全款。企事业团体旅游单位则会采用分期付款方式，因此还需约定好收尾款时间。

目前常见的支付方式有：现金结算、支票转账、刷卡、微信或支付宝网银结算等。

| 所需技能 |

技能 18：办理国内旅游手续

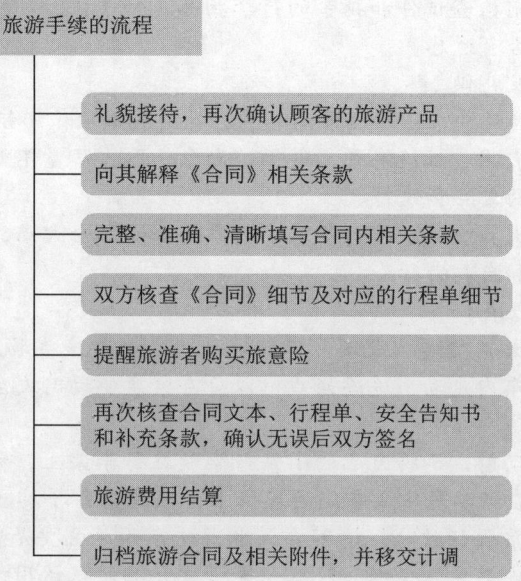

办理国内旅游手续的流程：
- 礼貌接待，再次确认顾客的旅游产品
- 向其解释《合同》相关条款
- 完整、准确、清晰填写合同内相关条款
- 双方核查《合同》细节及对应的行程单细节
- 提醒旅游者购买旅意险
- 再次核查合同文本、行程单、安全告知书和补充条款，确认无误后双方签名
- 旅游费用结算
- 归档旅游合同及相关附件，并移交计调

| 拓展提高 |

旅游合同是旅游者与旅游经营者之间设立、变更、终止民事权利义务关系的协议。因此，旅游者在出游之前应当与旅游经营者（通常是旅行社）签订书面旅游合同。签订旅游合同是门市服务人员的基本工作内容之一，也是其必须掌握的基本技能之一。

2014 年，国家旅游局会同国家工商行政管理总局联合修订的旅游服务合同示范文本具有较强的指导性、规范性和公平性，对提高旅游行业规范经营的水平，加强旅游市场监督管理具有指导意义，是目前各地方旅游管理部门或旅行社制定国内旅游合同最主要的参照蓝本。

拓展 12：2014 版《团队境内旅游合同（示范文本）》

请扫二维码查看和保存示范文本。

扫我，带我上团

拓展 13:《旅游出行安全告知书》

《旅游出行安全告知书》

各位尊重的游客：

本次旅游时间为×年×月×日至×月×日，为了确保此次旅行安全顺利进行，公司组织部门就旅行中应注意的问题与安全事项，特别向您进行提示与告知，请您在旅行前仔细阅读。

一、住宿告知及礼仪

入住宾馆时妥善保管好财物，贵重物品交前台保管。爱护宾馆内的各种物品，请勿在房间内乱涂乱写乱倒垃圾。不要在床上吸烟和饮酒。请保管好房间钥匙。宾馆内不要大声喧哗，有事找服务员。退房前检查证件和携带的行李物品（如手机、相机、充电器、首饰、手表、电动剃须刀等物品）是否有遗忘。

二、餐饮告知及礼仪

1. 用餐时若有特殊要求，应提前向领队、导游或本次旅游组织者说明。

2. 用餐时酌量食用、杜绝浪费，遵循"勤拿少取、尽量不剩"的原则。餐前要洗手，不食用不卫生、不合格的食品和饮料。

3. 用餐时请勿大声喧哗、敲打餐具、划拳行令，顾全大局，如果将自己喜好的餐食全部划为己有，是不礼貌和自私的行为。

三、乘车告知及礼仪

1. 乘车时，不大声喧哗、吸烟，不随地吐痰、乱扔废弃物。老人和儿童要有成年人陪护，在行车途中不要在车内走动、追逐嬉戏，以免在紧急制动时发生危险。要系上安全带，防止遇上颠簸发生身体撞伤。

2. 在旅游车启动前，请将自己的小件行李放在行李架上，放好放稳，最好不要离开自己的视线。大件行李放在行李舱中或空闲的座位上，摆放整齐。

3. 车辆在颠簸路段行驶时，请不要喝水或吃东西（主要是坚果类），以免发生呛水或卡咽等危险。为保持车内卫生，吃水果及瓜子等带皮食品时，请用方便袋装好废弃物。在车上开窗通风时，不得把身体伸向车窗外，以免发生危险。

4. 有晕车、高血压、心脏病病症者请提前服用有效的药物。在旅途中若有不舒服的症状，请及时告诉司机、导游或活动组织者。

5. 下车游览时请将小件贵重物品随身携带，不要将贵重物品（相机/摄像机、钱包、手机等）放在行李里及车上，以免丢失。

四、旅游安全告知及礼仪

1. 自由活动时间，请两三人一起活动，切忌单独外出！最好与熟悉的人结伴，既增添旅游的乐趣，又能互相照顾。

2. 参加骑马、漂流、探险、自驾车等娱乐活动前要了解具体的活动常识，挑选好适合自己的项目，检查器械，注意安全，服从指挥。

3. 出海乘坐休闲渔船观光、垂钓，请遵守乘船规定，服从工作人员管理，照顾好身边小孩。如果晕船，可以提前半小时服用晕船药。船靠岸时不要拥挤，在工作人员的帮助下上下船。上船后一定要穿好救生衣并坐稳。

4. 在海边游玩要多注意身边的海浪及脚下的青苔，同时照顾好未成年人。在海边拍照留影，要特别注意身后海浪的侵袭。

5. 摄影爱好者及登山旅游者，出发前应检查好携带的各种装备，根据自身的身体情况，做好旅游安排，谨遵"走路看脚下、看景不走路、摄影照相要站稳、所用器械要带牢"的安全原则。

6. 旅游中购物时应以"量财而出、喜欢才买、不买不摸不讨价还价"为原则，理智消费，切忌摆阔；购物中应时时注意随身携带的物品，谨防被盗；购物后检查随身携带的物品，勿遗忘丢失。

7. 不到流行病高发区进行旅游活动，不与高危人群接触。

8. 娱乐活动项目特别提示：

（1）患有心脏病、高血压、恐高症者及孕妇不建议参加较刺激的娱乐活动。

（2）参加娱乐活动要服从领队统一安排，要选择当地旅游部门核准的娱乐场所及娱乐项目。

（3）不参加集体组织活动的人员，单独行动，应向本单位领队书面请假，否则责任自负。

五、天气变化安全告知

1. 旅游出发前应先了解当地的气候及时添加衣物，穿旅游鞋或软底鞋，携带好雨伞、遮阳帽、墨镜等，备齐相应的衣物及自需药品。

2. 遇紧急情况如地震、火情等自然灾害，不要慌张，提高自我保护意识，主动实行自救，服从指挥，保持镇静，等候救援人员的救助。

3. 遇雷电天气，不要到树下、民房下避雨，不要走动，应原地蹲下，关闭带电的器具及金属杆雨伞。

希望各位游客积极配合领队和导游工作，互相关爱，互相帮助，团结协作，共同完成这次愉快的旅行。

以上旅游出行安全告知我已知悉，并遵守执行。

外出旅游人（签字）：
时间：

旅游出行安全告知书

扫我，带我出团

实训练习

练习25：填写国内旅游合同

请根据技能13"厦门土楼双飞四日行程安排"填写国内旅游合同。

练习26：签订合同情景对话练习

同学两两一组，模拟完成国内旅游合同签订过程，并写出对话过程。

客户：小王，我们昨晚约好了，过来签合同。

门市：_____

客户：好的（做翻阅状）。

门市：_____

客户：这个是什么保险？

门市：_____

实训 12：办理出境旅游手续

实训准备

（1）门市人员仪容仪表要求
①服饰：服装款式美观大方，色彩协调，与个人体形、工作特点、工作环境、民族习俗相吻合。
②修饰：主要指容貌的化妆、饰品的佩戴、发型的塑造等与工作环境相协调。
③佩戴胸卡。
④佩戴手表。工作时佩戴手表，是时间观念强、作风严谨的表现。
（2）自我检查
一个合格的门市接待人员仪容仪表要得体，以便以良好的精神面貌面对顾客。仪容仪表不仅是个人形象的体现，更关系到门市形象，对门市服务质量、门市销售业绩、旅行社品牌都会产生潜移默化的影响。

实训目标

①学会出境旅游手续办理的步骤，能为前来签订合同的游客提供优质的服务。
②掌握迎接客人礼仪要求，能用规范的语言向客人解释合同条款。
③掌握告别客人的礼仪，举止得体。

实训任务

临近暑假，吴老师打算利用暑假时间，带着退休的父亲和在读大学的女儿前往日本旅游。吴老师来到了旅行社门市部，在浏览了一些日本的旅游产品、听了小王的推介后，他们选中了"日本大阪＋京都＋箱根＋东京6日5晚跟团游"，并当即签订了旅游合同。

知识加油站

> **知识 22：出境旅游合同**

在签订出境旅游合同时，门市服务人员需要向游客解释和介绍旅游六要素的内容。除此之外，还需在护照与签证、港澳通行证与签注、保证金、小费等方面进行额外说明。2014年，国家旅游局会同国家工商行政管理总局联合修订了《团队出境旅游合同（示范文本）》，所以签订出境旅游合同时，以此为范本。

由于台湾地区在我国出境游目的地中的特殊地位和入台旅游的特殊操作流程，故去台湾旅游专门适用《大陆居民赴台湾地区旅游合同（示范文本）》。

> **知识 23：护照**

护照是一个国家的公民出入本国国境和到国外旅行或居留时，由本国发给的一种证明该公民国籍和身份的合法证件。护照（Passport）一词在英文中是口岸通行证的意思。也就是说，护照是公民旅行通过各国国际口岸的一种通行证明。世界上一些国家通常也颁发代替护照的通行证件。

各国颁发的护照种类不尽相同。中国的护照分为外交护照、公务护照和普通护照。《中华人民共和国护照法》规定，普通护照的有效期为：护照持有人未满16周岁的为5年，16周岁以上的为10年。自2012年5月15日起，公安机关统一签发电子普通护照，在传统本式普通护照中嵌入电子芯片，芯片中储存执照人的个人基本资料、面相、指纹等特征。

中国护照分类

护照类型	发给对象	相关规定	颁布机构
外交护照	副部长、副省长等以上的中国政府官员，党、政、军等重要代表团正、副团长以及外交官员、领事官员及其随行配偶、未成年子女、外交信使等	持有外交护照者在外国享受外交礼遇（如豁免权）	在中国，外交护照、公务护照、因公普通护照由外事部门颁布
公务护照	中国各级政府部门的工作人员、中国驻外国的外交代表机关、领事机关和驻联合国组织系统及有关专门机构的工作人员及其随行配偶、未成年子女等		
因公普通护照	中国国有企业、事业单位出国从事经济、贸易、文化、体育、卫生、科学技术交流等公务活动的人员，公派留学、进修人员、访问学者及公派出国从事劳务的人员		
（因私）普通护照	定居、探亲、访友、继承遗产、自费留学、就业、旅游和其他因私人事务出国和定居国外的中国公民		由公安部门颁发

知识24：签证

1. 签证常识

（1）签证

签证（visa），是一个国家的主权机关在本国或外国公民所持有的护照或其他旅行证件上的签注、盖印，以表示允许其出入本国国境或者经过国境，也可以说是颁发给他们的一项签注式的证明。如果说，护照是持有者的国籍和身份证明，签证则是主权国家准许外国公民或者本国公民出入境或者经过国境的许可证明。

签证通常是附载于申请人所持有的护照或其他国际旅行证件上。在特殊情况下，凭有效护照或其他国际旅行证件可做在另纸上。随着科技的进步，有些国家已经开始签发电子签证和生物签证，大大增强了签证的防伪功能。如美国和加拿大的移民签证是一张A4大的纸张，新加坡对外国人也发一种另纸签证。签证一般来说须与护照同时使用，方有效力。

（2）签证的分类

根据出入境情况，签证可分为出境签证、入境签证、出入境签证、入出境签证、再入境签证和过境签证等六种；依据使用人数，可分为个人签证和团体签证（在我国，10人及以上的旅游团可发放团体签证）；依据为持有人提供的方便有另纸签证、落地签证等。我国签证分为外交签证、礼遇签证、公务签证、普通签证四种。旅游签证属于普通签证，在中国为L字签证（发给来中国旅游、探亲或因其他私人事务入境的人员）。

（3）签证有效期

签证的有效期，是指从签证签发之日起到以后的一段时间内准许持有者入境的时间期限，超过这一期限，该签证就是无效签证。一般国家发给3个月有效的入境签证，也有的国家发给1个月有效的入境签证。有的国家对签证有效期限制很严，如德国只按申请日期发放签证。过境签证的有效期一般都比较短。

（4）签证的停留期

是指持证人入境该国后准许停留的时间。它与签证有效期的区别在于，签证的有效期是指签证的使用期限，即在规定的时间内持证人可出入或经过该国。如某国的入、出境签证有效期为3个月，停留期为15天，那么，这个签证从签发日始3个月内无论哪一天都可以入、出该国国境，但是，从入境当日起，到出境当日止，持证人在该国只能停留15天。

（5）签证的有效次数

签证一般分为一次有效签证、两次和多次有效签证等。

2. 中国护照互免签证国家（共11个）

序号	国家/地区名称	序号	国家/地区名称
1	阿拉伯联合酋长国	7	毛里求斯
2	巴巴多斯	8	塞尔维亚
3	巴哈马	9	塞舌尔
4	厄瓜多尔	10	圣马力诺
5	斐济	11	汤加
6	格林纳达		

扫我查看互免签证条件

3. 单方面允许中国公民免签入境国家和地区（共15个）

序号	国家/地区名称	序号	国家/地区名称
1	安提瓜和巴布达	9	南乔治亚和南桑威奇群岛（英国海外领地）
2	多米尼克	10	萨摩亚
3	法属波利尼西亚	11	圣基茨和尼维斯
4	法属留尼汪	12	特克斯和凯科斯群岛（英国海外领地）
5	海地	13	突尼斯
6	韩国（济州岛等地）	14	牙买加
7	摩洛哥	15	印度尼西亚
8	美属北马里亚纳群岛（塞班岛等）		

免签入境条件都在这里

4. 单方面允许中国公民办理落地签证国家和地区（共42个）

序号	国家/地区名称	序号	国家/地区名称
1	阿塞拜疆	4	玻利维亚
2	埃及	5	东帝汶
3	巴林	6	多哥

续表

序号	国家/地区名称	序号	国家/地区名称
7	佛得角	25	帕劳
8	加蓬	26	圣赫勒拿（英国海外领地）
9	圭亚那	27	圣多美和普林西比
10	几内亚比绍	28	斯里兰卡
11	柬埔寨	28	苏里南
12	卡塔尔	30	泰国
13	科摩罗	31	坦桑尼亚
14	科特迪瓦	32	图瓦卢
15	老挝	33	土库曼斯坦
16	黎巴嫩	34	乌克兰
17	卢旺达	35	瓦努阿图
18	马达加斯加	36	文莱
19	马尔代夫	37	乌干达
20	马拉维	38	伊朗
21	毛里塔尼亚	39	印度尼西亚
22	孟加拉国	40	约旦
23	缅甸	41	亚美尼亚
24	尼泊尔	42	越南

落地签，看你符合哪一条

（注：印度尼西亚同时是单方面允许中国公民免签入境国家及单方面允许中国公民办理落地签证国家）

5. 港澳通行证与签注

港澳通行证，俗称双程证，是由中华人民共和国公安部出入境管理局签发给中国内地居民因私往来香港或澳门地区旅游、探亲、从事商务、培训、就业、留学等非公务活动的旅行证件。通行证分为个人旅游、团队旅游、探亲、商务、其他、逗留等种类。

2017年8月1日以后经所有口岸去香港、澳门的团队游的港澳通行证，已经不再经旅行社团签过关，团队旅游签也可直接过关。

证件样式		
旧版本式	证件号 W 开头 有效期为 5 年	
新版本式	证件号 C 开头 有效期为 10 年	

（1）个人旅游 G

有效期可为三个月或一年，次数可为一次或两次，一般每次最长逗留 7 天，但也有更长的签种。目前为止，开放"自由行"个人旅游、可以申请直通香港签注的城市，按照香港入境处所公布一共有 49 个：广东省全省 21 个地级市以及其他省的 28 个地级市 / 直辖市。另外，深圳户籍居民可以办理一年多次签注，但（按 2015 年 4 月 13 日新出台的规定）一周只能去一次，称作"一周一行"。

地区名称	已开放"赴港个人游"的城市
北京市	—
上海市	—
广东省	全部地级市
江苏省	南京、无锡、苏州
浙江省	杭州、宁波、台州
福建省	福州（仅限市辖区）、泉州、厦门、漳州
四川省	成都
山东省	济南
辽宁省	沈阳、大连
天津市	—
广西壮族自治区	南宁
海南省	海口
湖南省	长沙
重庆市	仅限渝中区、江北区、九龙坡区、高新区、沙坪坝区、南岸区、渝北区、经开区、江津区、合川区、永川区、万州区、涪陵区、巴南区、北碚区、长寿区、大渡口区

续表

地区名称	已开放"个人游"的城市
贵州省	贵阳
云南省	昆明
江西省	南昌
吉林省	长春
河北省	石家庄
河南省	郑州
湖北省	武汉
安徽省	合肥

（2）团队旅游 L

分为三个月一次或两次、一年一次或两次，每次逗留不超过 7 天。

如需个人游，可以抵达深圳口岸购买送关服务过关，所有口岸都通行。2017 年 8 月 1 日以后已经不需要送关服务，团队旅游签也可直接过关。

所需技能

技能 19：护照办理（以上海为例）

办理方式：首次申请护照，必须本人到户籍所在地的公安局出入境管理处办理

办理周期：上海户籍的，提前预约，7 个工作日取证；不预约，10 个工作日取证。外省市户籍的，提前预约，15 个工作日取证；不预约，30 个工作日取证

办理费用：护照 160 元 / 本；加注 20 元 / 项

沪籍

办理条件：具有上海市户籍的居民及驻地在本市的现役军人

办理材料：

① 在出入境部门的社会服务照相点采集出入境证件电子照（一年内已采集的可免）。

② 提交填写完整并贴有申请人近期正面免冠照片的《中国公民出入境证件申请表》（自助填表机打印的申请表已印有照片的无须再贴）。

③ 提交本人居民身份证（或临时居民身份证）；未满十六周岁的申请人如未办理居民身份证，提交本人户口簿、出生证明。

注意事项：

① 首次申领、换发、补发、失效重新申领护照的，申请人须亲自办理。未满十六周岁的申请人应当由监护人陪同申请。除提交上述规定的相应材料外，申请人还应当提交本人的《出生医学证明》或者监护关系公证书，以及监护人的居民身份证。监护人无法陪同的，可以委托他人陪同，陪同人还应当提交本人的居民身份证以及监护人的委托书。

② 国家工作人员和现役的人民解放军军人、人民武装警察申请普通护照，除提交上述规定的相应材料外，还应当提交本人所属工作单位或者上级主管单位出具的同意办理出入境证件的证明。现役的人民解放军军人、人民武装警察，应当提交军官证、士兵证或者警官证作为本人的身份证明。

③ 十六周岁（含）以上的申请人申请护照的，均应当采集或者核验指纹，因指纹缺失、损坏原因无法采集指纹除外；对十六周岁以下的，根据监护人的意见确定是否采集指纹。

④ 7周岁（含）以上申请人须当场采集个人签名。
⑤ 有以下情形之一的，可申请换发、补发护照：
　　第一，普通护照签证页即将使用完毕的；
　　第二，普通护照有效期不足六个月的，或经公安机关认可的有效期在六个月以上但有材料证明该有效期不符合前往国要求的；
　　第三，户口簿上的姓名、性别、居民身份证号码、出生地、出生日期变更的；
　　第四，申请人已在户政部门变更人口照片的；
　　第五，原护照在有效期内损毁、遗失、被盗的；
　　第六，公安出入境管理部门认可的其他情形。
⑥ 护照补发：申请被盗、遗失补发，须在申请表内注明，并填写《申办出入境证件确认书》。申请换发护照的，原持证须一并提交，由受理民警核验后，当场剪角发还。

非沪籍

办理条件：持上海市居住证
未持上海市居住证，但满足以下条件之一：
① 持有人才引进类《上海市居住证》人员的配偶和未满十六周岁的子女。
② 在沪就业并最近一年连续正常缴纳社会保险的人员及其在本市居住6个月（含）以上的配偶和未满十六周岁的子女。
③ 在本市全日制高等院校在读的非本市户籍大学生及其在本市居住6个月（含）以上的配偶和未满十六周岁的子女。
④ 本市户籍人员的非本市户籍配偶、子女、父母。
⑤ 年满六十周岁且在本市居住6个月（含）以上的人员。
⑥ 在本市居住6个月（含）以上的人员（仅可申请换发、补发，不含首次申请）。

办理材料：

持上海居住证人员

① 在出入境部门的社会服务照相点采集出入境证件电子照（一年内已采集的可免）。
② 提交填写完整并贴有申请人近期正面免冠照片的《中国公民出入境证件申请表》（自助填表机打印的申请表已印有照片的无须再贴）。
③ 交验有效的居民身份证（或临时居民身份证）和上海市居住证。
④ 未满十六周岁的申请人须交验监护人的身份证、本人的上海市居住证、监护证明、出生证明等。

未持上海居住证人员

① 在出入境部门的社会服务照相点采集出入境证件电子照（一年内已采集的可免）。
② 提交填写完整并贴有申请人近期正面免冠照片的《中国公民出入境证件申请表》（自助填表机打印的申请表已印有照片的无须再贴）。
③ 交验居民身份证（或临时居民身份证）；未满十六周岁的申请人如未办理居民身份证，提交本人户口、出生证明。
④ 提交与人员类别相应的申请材料：
  ❖ 持有人才引进类《上海市居住证》人员的配偶和未满十六周岁的子女所需材料：
  　　第一，交验申请人本人有效的《上海市临时居住证》、主关系人有效的人才引进类《上海市居住证》《办理〈上海市居住证〉通知书副联》、亲属关系证明材料（如出生证明、结婚证）。
  　　第二，原持引进人才类《上海市居住证》的外省市人员，现已换发新版《上海市居住证》的，其配偶和未满十六周岁子女需提交以下材料：交验申请人本人有效的《上海市临时居住证》、主关系人有效的《上海市居住证》、申请人与主关系人的亲属关系证明材料（如出生证明、结婚证），同时提交主关系人原人才引进类《上海市居住证》或《办理上海市居住证通知书（副联）》的原件或复印件。

❖ 在沪就业并最近一年连续正常缴纳社会保险的人员及其在本市居住6个月（含）以上的配偶和未满十六周岁的子女所需材料：

第一，配偶和未满十六周岁的子女交验有效的《上海市居住证》，出生证明。《上海市居住证》首发日距申请日必须超过6个月（含）以上。

第二，配偶和未满十六周岁子女须交验主关系人的身份证以及和主关系人的亲属关系证明材料（如出生证明、结婚证）。

❖ 在本市全日制高等院校在读的非本市户籍大学生及其在本市居住6个月（含）以上的配偶和未满十六周岁的子女所需材料：

第一，就读院校出具的《在读证明》原件（加盖学校公章）。

第二，配偶和未满十六周岁的子女交验有效的《上海市临时居住证》，出生证明。《上海市临时居住证》首发日距申请日必须超过6个月（含）以上。

第三，配偶和未满十六周岁子女还须交验主关系人的身份证以及和主关系人的亲属关系证明材料（如出生证明、结婚证）。

❖ 本市户籍人员的非本市户籍配偶、子女、父母所需材料：

第一，交验本市户籍人员的居民身份证（或临时居民身份证）。

第二，交验申请人与本市户籍人员的亲属关系证明材料（如配偶关系交验结婚证、子女关系交验出生证明、父母关系提交其本市户籍子女出具的书面说明）。

❖ 年满六十周岁且在本市居住6个月（含）以上的人员办理护照。在本市居住6个月（含）以上的人员申请换发、补发护照（不含首次申请）所需材料：

交验有效的《上海市临时居住证》，所提交的《上海市临时居住证》首发日距申请日必须超过6个月（含）以上。

注意事项：

①首次申请、换发、补发、失效重新申领护照，申请人须亲自办理。

未满十六周岁的申请人，应当由监护人陪同申请。除提交上述规定材料外，申请人还应提交本人的《出生医学证明》或监护关系公证书以及监护人的居民身份证；监护人无法陪同的，可以委托他人陪同，陪同人还应当提交本人的居民身份证以及监护人的委托书。

②十六周岁（含）以上的申请人均应当采集或者核验指纹，因指纹缺失、损坏原因无法采集指纹除外；对十六周岁以下的，根据监护人的意见确定是否采集指纹。

③七周岁（含）以上申请人须当场采集个人签名。

④有以下情形之一的，可申请换发、补发护照：

第一，普通护照签证页即将使用完毕的；

第二，普通护照有效期不足6个月的，或者经公安机关认可的有效期在6个月以上但有材料证明该有效期不符合前往国要求的；

第三，户口簿上的姓名、性别、居民身份证号码、出生地、出生日期变更的；

第四，申请人已在户政部门变更人口照片的；

第五，原护照在有效期内损毁、遗失、被盗的；

第六，公安出入境管理部门认可的其他情形。

⑤申请被盗、遗失补发，须在申请表内注明，并填写《申办出入境证件确认书》。申请换发护照的，原持证须一并递交，由受理民警核验后，当场剪角发还。

⑥"连续正常缴纳社会保险一年以上"是指申请人自申请日开始往前推算，在本市由单位

连续正常缴纳社会保险不短于 12 个月，补缴、未缴均不视为连续正常缴纳。

⑦本市高等院校名单可在上海市教委网站查询，《在读证明》有效期为 1 个月。

办理流程：

①微信/网上预约。

②打印申请表：持二代身份证到自助填表机上，刷证打印申请表格。

③采集照片：首次办证或一年后再办证的，至相片采集室拍摄制证用数码相片；一年内再次办证无须采集。

④复印户籍资料：未自行复印的，至服务区复印身份证和户口簿等相关材料。

⑤快递付费：选择快递取证的，到快递窗口办理快递登记及付费手续。

⑥采集指纹，如办理护照，16 周岁以上的申请人须到指纹采集专窗当场采集两枚指纹。

⑦专窗交表：至网上预约专窗，提交申请材料。本市居民可享受 7 个工作日，外省市居民可享受 15 个工作日的快捷办证优惠。

⑧付费：办理完结后凭取证回执至付费窗口付费。

技能 20：出境签证办理

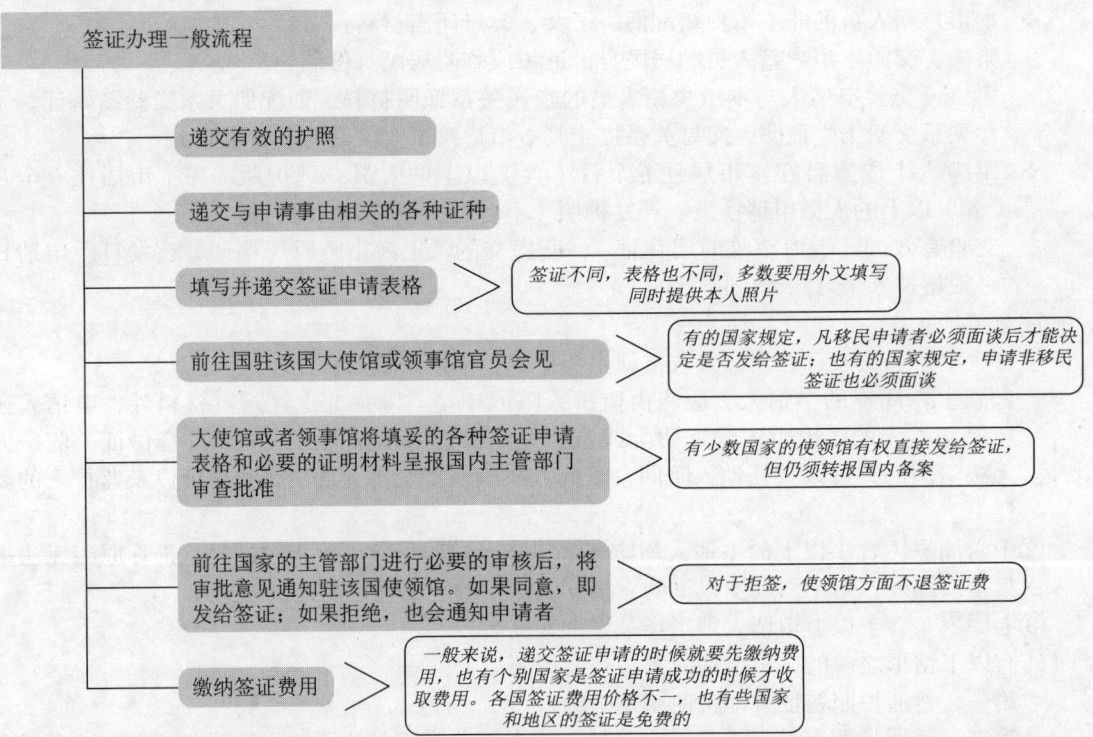

对于办理出境旅游业务的游客，旅行社主要为其办理旅游签证，签证的费用一般包含在团费之内。团体旅游签证是旅游签证中的一种，其特点是整个团队的签证贴附在一张纸上，而不会在护照上有签证记录，所有团队成员必须随团集体出入国境。总体而言，前往东南亚国家办理旅游签证所需的材料和手续都比较简便，而前往日韩、欧美国家办理旅游签证所需的材料和手续则比较烦琐，签证费用也较高。

以日本旅游个人签证为例，近两年为了提高签发效率，日本使领馆简化了签发手续，并且规定：除外交签证外，其余签证均由日本驻华使领馆指定的代办机构代理，旅游签证由指定旅行社代理，不接受个人申请。所以在申请日本签证时，申请人须先电话咨询代办机构或旅行社，了解需要准备的具体资料并送交代办机构即可，无须亲自去使领馆排队申请。

扫我查看"赴日签证申请表"样表

办理个人旅游签证时，需提供很多材料，若换发过护照，需提供旧护照原件。原件遗失的，还需提供中文的遗失说明。

扫我下载证件"遗失说明"模板

在中国教育部直属高校的在读生以及毕业三年以内的毕业生办理个人旅游签证时，在读生需提供学校开具的在读证明原件以及学信网的学籍验证报告；毕业三年以内的毕业生，需提供毕业证复印件以及学信网的学籍验证报告。

教育部直属高校名单

技能 21：港澳通行证与签注的办理

情况分类	新办	续签	代办	过期
办理流程及注意事项	首次办理须本人至户籍所在地的出入境管理处提交申请，申请材料有：居民身份证及复印件（用A4纸复印，可复印在同一张纸上）以及填写《中国公民出入境证件申请表》，2寸淡底色彩照2张（也可现场拍照，费用自付），同时分别申请赴香港、澳门的签注。只去香港则申请香港签注，只去澳门则申请澳门签注，如果香港、澳门都去，则两地签注都要申请	本人凭身份证及有效的《往来港澳通行证》办理，也可代办，代办人需携带身份证（不同城市对加签可能有特殊规定，具体咨询户籍所在地出入境管理处，少数城市可以邮寄续签，如江苏连云港市）	若是首次申请办理港澳通行证，需要携带本人身份证以及照片；若非首次申请，则需带好本人身份证及前一次办理的通行证，如请人代办还需携带代办人身份证	《港澳通行证》过期，需本人亲自到户口所在地县（区）级以上公安局出入境管理部门办理换证手续。需要携带的资料和要办理的手续跟第一次办理时一样。办理时需要携带以下资料： ①身份证原件及复印件：复印件为A4规格（身份证需要复印正反面，户口簿需要复印主页和自己所在的那一页） ②二寸正面免冠平面彩色近照，蓝色背景，着深色有领上衣，照片大小48mm×33mm，头部宽度21~24mm，头部长度28~33mm（必须在公安局指定照相馆拍照，也可在出入境管理处拍照，记得拿照相回执，建议在出入境管理处拍照） ③旧的港澳通行证需退回出入境管理局

续表

情况分类	新办	续签	代办	过期
办理时限	自受理之日起10个工作日（首次或非首次申请）。但均不含邮递日（一般在五天左右）以及节假日	自受理之日起7个工作日	/	正常情况下，需要10个工作日（办理换证，需要经省级部门审批、制证，需要的时间比较长，大概10个工作日，即两个星期的时间）
费用	《往来港澳通行证》每本80元；一次往来签注，每个15元，二次往来签注，每个30元	一次往来签注每个20元；二次往来签注每个30元	/	/
特别注意	/	《往来港澳通行证》有效期不足6个月（部分城市是3个月）的或无足够空白签注页的不能办理，须按首次申请手续办理新的《往来港澳通行证》，同时申请签注	/	/

欲了解《内地居民往来港澳地区申请表》，请扫二维码。

申请表样表

拓展提高

随着中国公民更多走出国门，游遍天下，中国旅游对世界旅游乃至经济的影响力与日俱增。根据国家旅游局的统计，2015年中国公民出境旅游人数达到1.2亿人次，旅游花费1045亿美元，同比分别增长12%和16.7%。在世界经济普遍不景气的背景下，"中国游客"在全球具有越来越大的影响力。联合国世界旅游组织数据显示，自2012年起，中国连续多年成为世界第一大出境旅游消费国，对全球旅游收入的贡献年均超过13%。2015年，中国出境旅游人数、境外旅游消费继续位列世界第一。

拓展14：2014版《团队出境旅游合同（示范文本）》

《团队出境旅游合同（示范文本）》供中华人民共和国境内（不含港、澳、台地区）经营出境旅游业务或者边境旅游业务的旅行社（以下简称"出境社"）与出境旅游者（以下简称"旅游者"）之间签订团队出境包价旅游（不含赴台湾地区旅游）合同时使用。

双方当事人应当结合具体情况选择本合同协议条款中所提供的选择项，空格处应当以文字形式填写完整。

双方当事人可以书面形式对本示范文本内容进行变更或者补充，但变更或者补充的内容，不得减轻或者免除应当由出境社承担的责任。

本示范文本于2014年4月由国家旅游局和国家工商行政管理总局共同制定、解释，在全国范围内推行使用。

欲了解《团队出境旅游合同（示范文本）》详细内容，请扫二维码。

《团队出境旅游合同（示范文本）》

随查随用，就是这么任性

拓展 15：大陆居民赴台旅游合同示范文本

《大陆居民赴台湾地区旅游合同（示范文本）》

扫我，保存我

实训练习

练习 27：模拟完成出境合同签订情景对话

同学两两一组，模拟完成出境旅游合同签订过程，并写出对话过程。

_____
_____
_____

练习 28：收集各国签证费用资料

收集本省（直辖市、自治区）的各国签证费用。

实训 13：安排行前通知说明

实训目标

①知道行前通知所包含的内容。
②掌握国内游行前通知单制作和发放的方式，能用规范的语言告知游客出行注意事项。
③能组织好出境游行前说明会。
④掌握接待客人的礼仪，举止得体。

实训任务

旅行社业务进入旺季。这周开始，小王开始跟着门市的其他工作人员一道准备相关团队行前材料。这天上午，小王要完成"昆明＋大理＋丽江＋玉龙雪山 6 日 5 晚跟团游"（4 钻）的行前通知单的制作，还要帮着领队老李准备第二天下午的"日本大阪＋京都＋箱根＋东京 6 日 5 晚跟团游"（5 钻纯玩，充足私属时光，日式美汤……）团队行前说明会。小王表示，今天的工作实在是太充实了。

知识加油站

与旅游者签订包价旅游合同、在约定的旅游活动成行前，旅行社会就约定的服务内容向旅游者告知重要信息，这是旅行社提供的包价旅游产品中不可缺少的服务环节之一。

知识25：行前通知的内容

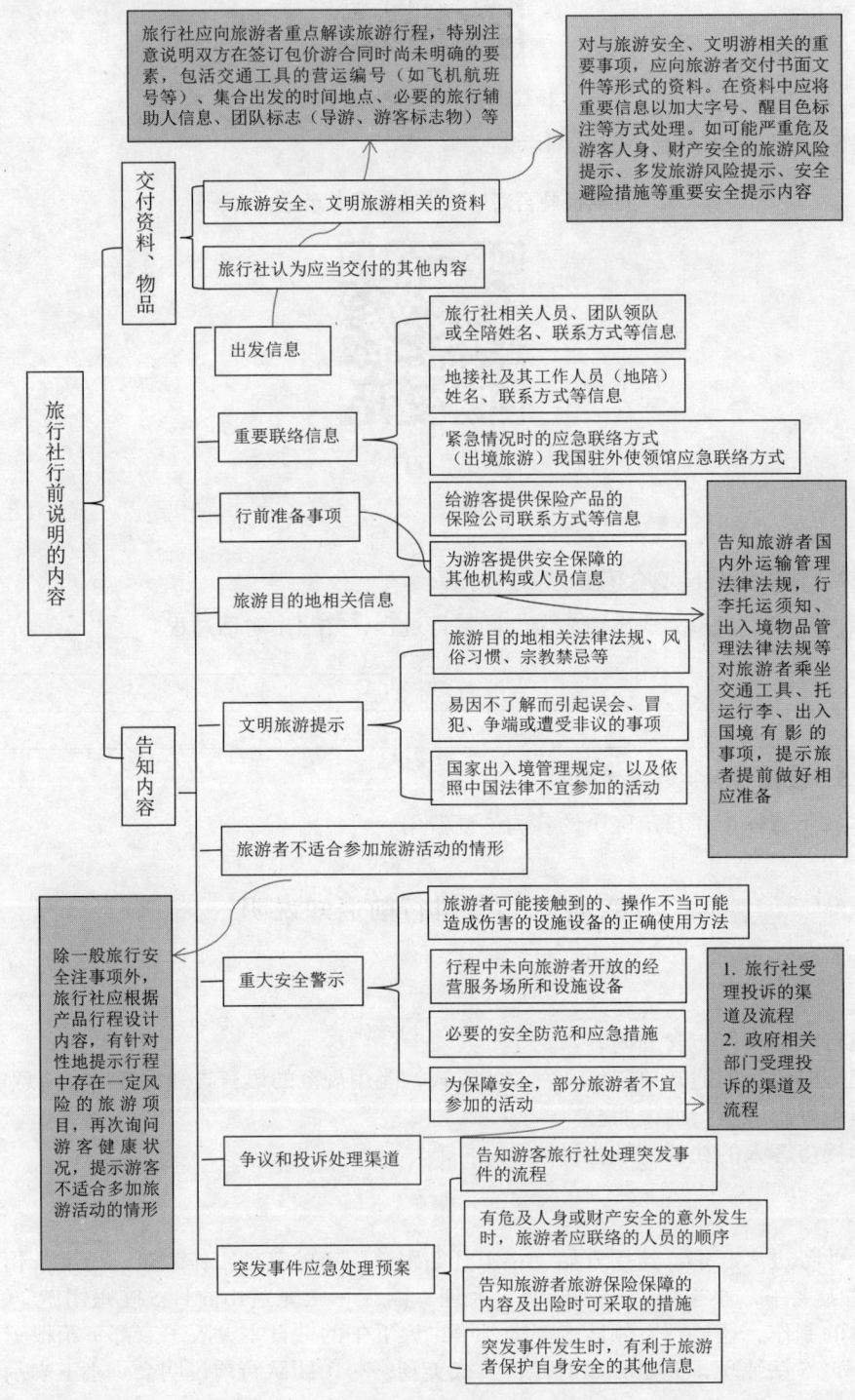

旅行社行前说明内容

扫我，带我出团

所需技能

技能 22：国内游行前通知单的制作与发放

行前通知单的制作格式常见的有 Word 文本、PDF 格式等。
发放形式常见的有电子邮箱附件发送，微信群、QQ 群文本发送等。

技能 23：组织出境游行前说明会

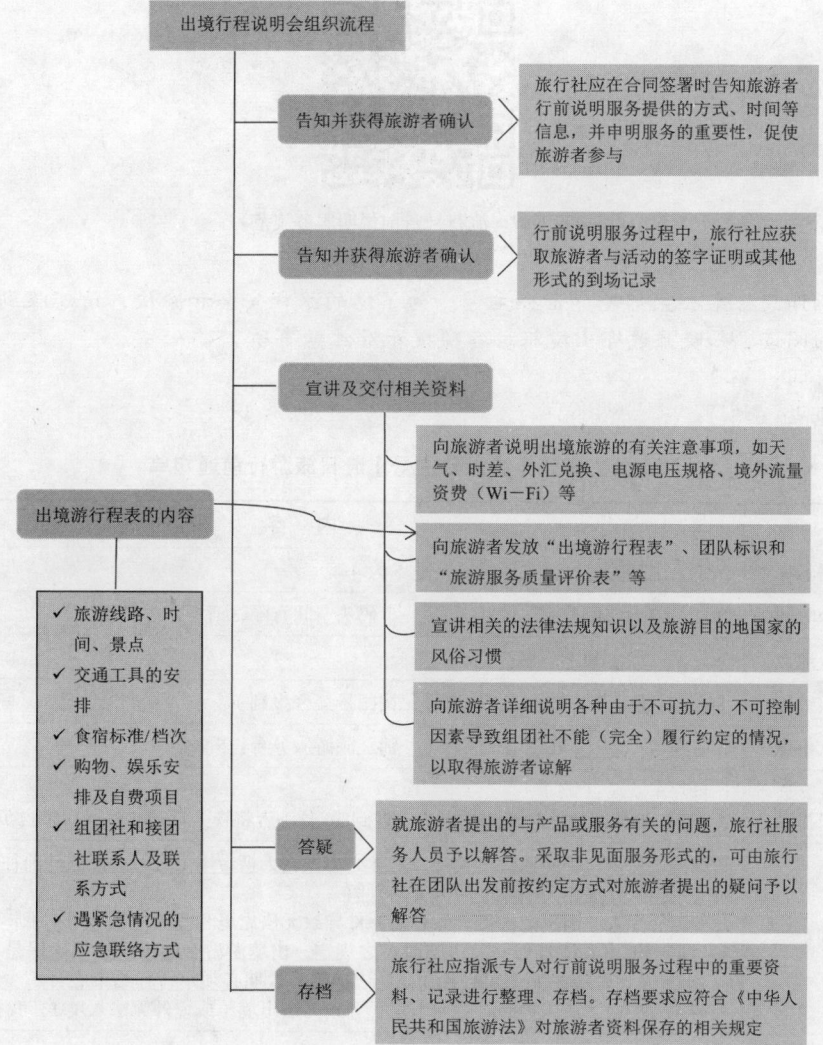

出境行程说明会组织流程图

扫我，带我出团

拓展提高

拓展 16：出境游行前通知单

2015 年 4 月 2 日，中华人民共和国国家旅游局发布中华人民共和国旅游行业标准《旅行社行前说明服务规范》（LB/T 040—2015）。该《标准》分范围、规范性引用文件、术语和定义、基本要求、服务形式、服务内容、服务流程、服务改进 8 部分，适用于中华人民共和国境内旅行社提供的、签订包价旅游合同且包含行程游览服务的旅游产品，自 2015 年 5 月 1 日起施行。

扫我下载《旅行社行前说明服务规范》

尊敬的客人：

您好！感谢您搭乘公主邮轮盛世公主号。为了您的旅程安全和愉快，请您收到《出团通知书》后，仔细阅读、知晓且遵守出境旅游各项提示及注意事项。

说明会时间：（略）

说明会地点：（略）

7/21 公主邮轮【盛世公主号】赴日旅游行前通知单

序号	事项	内容
1	线路名称	7/21 公主邮轮盛世公主号长崎一地 5 天 4 晚
2	集合时间	2018 年 7 月 21 日中午 12：30　　（码头空间有限，请不要过早到达）
3	集合地点	×××3 号门外白色帐篷
4	团队编号	锦江 9 号团（请牢记此团号编号，按团号集合报到）
5	领队信息	领队姓名：＿＿＿＿联系电话：＿＿＿＿锦江旅游服务台：5 楼船中
6	码头交通友情提示	1. 自驾车路线：（略） 2. （略）请预留足够时间前往码头，迟到 30 分钟者将视为自动放弃，后果自负
7	特别提示	1. 如您之前未交护照原件至我社，请务必出发当天携带本人有效护照原件前往码头；请您在码头用护照办理相关手续之后再排队登船 2. 如因您个人原因忘记携带护照有效原件导致无法出境和登船，我公司不承担任何责任 3. 根据中国出入境管理局及边防海关之规定，出境游游客的护照必须确保是本人有效护照（已报失及已作废护照不可使用），且该护照有效期必须距行程结束之日不少于 6 个月。如因持无效护照，或因护照有效期不足，导致无法出境（或境外无法入境），我社概不负责

续表

序号	事项	内容
7	特别提示	4. 中国边防海关依照国家法律，有权对所有出境游客进行审查，同样有权根据国家法律，放行或拒绝游客的出境申请，敬请知晓。如因上述原因导致无法出境，我社无法承担任何责任 5. 日韩邮轮目前实行登陆证政策。在邮轮入境日本时，该国移民局将对所有游客进行入境资质审查，或有部分游客将被抽查进行面检，请予以积极配合。该国移民局有权根据该国的法律法规，放行或拒绝游客的入国申请，敬请知晓。如因上述原因导致无法入境，我社无法承担任何责任 6. 港澳台地区游客，必须携带回乡证和有效的台胞证以便返回上海口岸时使用；香港和澳门客人需持有"回乡证"方可办理登船手续，台湾客人需持有至少2次往返大陆签注；没有回乡证的香港澳门客人，或只持有单次签注的台湾客人将无法登船。持外籍护照的游客，须自行做好二次进入中国边防的签证、签注
8	温馨提示	为了您的出行更安心，意外、疾病两无忧，提醒和建议您购买旅游意外保险
9	备注	1. 出发当天请随身携带手机，以免有迟到、塞车、转机等意外状况联络不上的困扰 2. 鉴于人数众多，我们已经尽量安排团队分批集合，但仍会比较集中，办理入关手续难免需要排队等候，敬请谅解 3. 如遇不可抗力因素（天气、灾难、罢工等），邮轮公司将有权取消或变更行程。若发生邮轮靠岸或启航时间调整，导致游览内容减少或取消等情况，邮轮公司及我社均不承担违约责任 4. 旅客在境外请不要参与赌博或进入色情场所。坚决抵制"法轮功"分子的虚假言论，不接受"法轮功"宣传品，境外旅游期间做一名爱国并维护国家尊严的守法公民！不允许携带毒品或违禁物品出入境 5. 各国的法律法规各不相同，请在出行前详细了解前往国或地区的法律法规，并在旅游期间自觉遵守，以免造成不必要的麻烦和纠纷。也可主动向旅行社咨询 6. 邮轮安全：携幼儿及老人出行的游客，敬请密切注意孩子及老人的行动 7. 为了您和您的家人，请适度饮酒，参与博彩活动要适度 8. 凡参加本公司旅游的团体或个人，已仔细阅读并认可以上说明

出团通知：ZXLY-ZL-2016123

登船流程示意图：

1. 码头指定时间、地点与领队集合→2. 领队处领取团包（内容包括：护照原件、船票、船卡、行李条、日本出入境卡、日本海关申报单等）→3. 指定区域托运行李（护照等旅行证件、贵重物品、必备药物不得托运）→4. 码头大厅办理信用卡关联手续→5. 排队过安检→6. 排队过边检（需持护照原件）→7. 登船拍照，船上工作人员收取护照原件及日本出入境卡（保留船卡、船图）→8. 找到自己房间→9. 详细阅读《公主日报》，了解船上各项安排→10. 参加紧急救生演习→11. 开启美妙邮轮假期

行程（最终停靠港时间以邮轮公司为准）

抵达日期	途经港	抵达时间	出发时间	住宿
7/21	上海码头	/	17：00	公主邮轮
7/22	海上巡游	/	/	公主邮轮
7/23	长崎	8：00	21：00	公主邮轮
7/24	海上巡游	/	/	公主邮轮
7/25	上海码头	7：00	/	/

★邮轮服务费（船上支付）：内舱、阳台13.5美元/人/晚；迷你套房14.5美元/人/晚；套房（迷你套房以上）15.5美元/人/晚（船上支付，以船公司实际支付金额为准）

◆邮轮公司有权因天气、不可抗力等因素,改变或取消原定码头抵达和离开时间,若因邮轮公司更改或取消各站的抵达或离开时间,我公司亦有权根据邮轮实际停靠的时间对以上行程做变更调整或取消安排,我公司不承担违约责任。

出境登船须知

1. 请于出发前办妥有效护照(离出发日6个月以上),以便办理登船手续。持有外国护照的乘客,请注意自己的护照是否可以多次进入香港和中国内地。如乘客未备有有效旅游证件或有效签证,公主邮轮有权拒绝乘客登船及退款

2. 建议自备的物品:牙膏、牙刷、拖鞋、遮阳帽、折伞、太阳眼镜、防晒油、刮胡刀(膏)、游泳衣、便鞋、平底鞋、运动鞋、自用应急药品、望远镜、发梳等

3. 船上电压为110V,美标三眼插座,即两扁一圆。设有USB接口可供直接充电。常规手机、便携式电脑等均可直接使用。如携带的电器为中国三眼插头,请自备转换插头或万能转换器

4. 请留意天气预报,根据各地气候准备衣物。因邮轮上及各客舱房间内皆为24小时开放冷气空调,敬请自备长袖外衣,以免着凉

5. 办理登船手续后,托运的行李将会由公主邮轮公司代理服务人员搬运到旅客客舱。请勿将贵重首饰物品放置于托运行李内。手提行李请勿携带小刀、利器、指甲剪、水果及生物制品

6. 客舱房间内提供洗发香波、沐浴露等洗漱用品,并提供拖鞋,请勿携带下船

7. 个人使用的药物,请依照旅游的日数准备药量。有长期慢性疾病者,请携带病历。邮轮上设有专门的医疗保健室,负责处理紧急和一般的医疗工作。若有医护人员无法处理的病患,患者会被转诊到邻近的岸上医院,医疗和医药费用将记录到患者的船上消费账户中

邮轮旅行注意事项

一、出发前准备

1. 着装:轻便舒适、春夏装为主、泳衣自带;建议备一两件长袖衣物。特别提醒:每日晚间如在正式餐厅用餐,均要求穿较为正式的服装。拖鞋、睡衣、短裤、背心等衣物不适宜在正餐厅穿着

2. 货币:根据自身需要,准备适量的美金、日币。特别提醒:在日本当地并非所有商铺都能使用信用卡

二、邮轮上消费方式

1. 信用卡结账(码头或上船后绑定):可使用VISA/MASTER等国际通用信用卡。持本人国际信用卡和船卡,至码头或船上指定柜台,办理信用卡与船卡两卡关联手续,一卡一人或一卡多人皆可,持卡人必须乘坐本次航线

2. 特别提示:选择"信用卡关联支付"的游客,在离船前,请确认船上消费账单无误

3. 现金结账(前台充值):未在码头办理信用卡关联的游客,登船后必须在账户里预存100美元/人,否则可能导致日本码头无法下船

4. 离船后,船公司及旅行社不再受理有关船上消费清单的异议,请务必在下船前核实及确认账单明细

三、码头集合及登船流程

1. 请根据出团通知书上规定的集合时间于××港候船大厅旁边的帐篷内集合

2. 到达帐篷后寻找自己团队的领队

3. 领取：护照原件、船票、船卡、行李条、日本出入境卡、日本海关申报单
4. 办理：携带大件行李可办理免费托运
5. 在码头办理信用卡关联手续
6. 请特别注意：
A. 护照等旅行证件、贵重物品、必备药物不得托运
B. 在托运行李上挂好邮轮专用的行李条，请核实上面的名字及房间号码、区域号码
C. 将绑有行李条的托运行李交由行李服务人员
D. 行李将在起航后 2~3 小时陆续由工作人员送至客舱
7. 拿到船卡等登船文件并关联信用卡完毕后，依次过边防海关查验护照
8. 在登船口，全体游客被要求进行登船安检和拍照

9. 在登船口，船方工作人员将收取护照原件及日本出入境卡
10. 保留好自己的船卡、船图和护照首页复印件
11. 根据楼层房号，找到自己的房间

四、船卡介绍

1. 一卡三用：A.邮轮舱房钥匙；B.邮轮上身份证明；C.邮轮上消费卡
2. 无论是靠港日还是海上航行日，敬请随身携带船卡及护照复印件；在岸上游览或船上活动时，做到卡不离身。一旦遗失船卡，须第一时间前往前台挂失并补办，以免造成不必要的损失
3. 为了安全，船卡上没有房间号码，只有编号。如果忘记房间号码，可去总台用船卡查询

五、船卡样

房号首字母代表房间所在楼层。例如 E711，楼层 E 为 8 楼，房号 711

楼层标示	代表含义
EMERALD DECK	首字母"E"代表 8 楼
DOLPHIN DECK	首字母"D"代表 9 楼
CARIBE DECK	首字母"C"代表 10 楼
BAJA DECK	首字母"B"代表 11 楼
ALOHA DECK	首字母"A"代表 12 楼
Riviera DECK	首字母"R"代表 14 楼
Marina DECK	首字母"M"代表 15 楼
Lido DECK	首字母"L"代表 16 楼

六、进入舱房

1. 房内放有邮轮当天中文版的《公主日报 PRINCESS PATTER》，这是您每天邮轮活动最准确的行动指南、时刻表及备忘录；《公主日报 PRINCESS PATTER》还提供其他语种的版本，每天晚间，房内都会收到次日的日报

2. 邮轮房间之间可以免费互打电话，电话备有留言功能，当电话有红灯闪烁时即有留言

3. 邮轮舱房内电水壶可烧开水，放置在房内迷你吧的瓶/罐装饮料收费，具体价格请仔细查阅房内菜单

4. "救生演习"：登船当日下午（启航前），邮轮将召集全体游客进行救生演习，全体游客必须根据要求拿好救生衣，前往指定地点参与演习

5. 预订家庭房的乘客，同舱中第三、第四人的床是到晚上 7 点左右由客舱服务员前来铺设。如上船后马上要用第三、第四人床，请直接联系客舱服务员，由他们铺设。邮轮上大部分双人间的双人床均可合并为大床，亦可拆成双床

6. 舱房内主要设施：电视；吹风机；保险箱；浴袍；拖鞋；水壶/茶杯/茶叶；洗发露/护发素/沐浴露；洗漱套装包含：牙刷；牙膏；剃须刀及剃须膏；化妆棉及棉签；不含梳子

七、用餐

免费主餐厅：交响乐餐厅（5 层船中）、乐章餐厅（6 层船尾）、协奏曲餐厅（6 层船中）

免费休闲餐厅：环球美食自助餐厅（16 层船中）、阿尔弗雷多意式比萨吧（6 层船中）、快乐面吧（16 层船头）、国际咖啡点心吧（5 层船中）、旋风冰激凌（16 层船中）

特色付费餐厅：（以下报价另加 15% 服务费）

①观澜轩中餐厅（5 层船头）午餐及晚餐 29 美元/人

②雷诺的法式餐厅（7 层船中）晚餐 35 美元/人

③皇冠海鲜牛排馆（7 层船头）晚餐 29 美元/人

④星光主厨餐桌（乐章餐厅 6 层船尾）晚餐 115 美金/人（搭配葡萄酒），100 美元/人（不含葡萄酒）

⑤龙虾与点心吧（16 层船头）4-22 美元/人

⑥传统英式下午茶（5 层中庭）15 美元/人不包含 1 杯香槟、20 美元/人包含 1 杯香槟

⑦酒塔之宴（交响乐餐厅 5 层船中、协奏曲餐厅 6 层船中）入场费 40 美元/人

以上价格仅供参考，以邮轮上公布价格为准。

特别注意：

1. 船上酒精类、气泡类、调制类的饮料是收取费用的，具体套餐价格以船上公布为准

2. 如在邮轮免税店或其他靠岸港口免税店内购买酒精饮料，船上工作人员会在航行抵达的

最后一晚送至客人舱房

八、邮轮上其他设施

1. 公共演出，设施使用，公开课程，健身房设施等都是免费的
2. 美容、SPA、美发、私人健美等人对人的服务，是收费的

★★★邮轮旅行安全

1. 除甲板上的指定区域以及赌场可以吸烟以外，阳台房、套房的私人阳台上禁止吸烟！违反者将可能被以250美元或以上的罚款。船上室内及公共场所均禁止吸烟
2. 日本有吸烟规定，敬请听从当地导游的提醒，遵例行事，以免造成不必要的麻烦
3. 未成年人谢绝进入邮轮娱乐场，或购买饮用酒精性饮料
4. 携带幼儿的游客敬请密切注意孩子的行动，如上下楼、戏水、用餐、使用厕所、观赏海景、攀爬等，做到安全第一
5. 邮轮泳池未配备救生人员，无论大人小孩去游泳池游泳必须注意安全，小孩游泳时无论在哪个泳池都必须有大人陪同
6. 禁止酒后游泳
7. 在船上各种游乐场，无论是游泳池、按摩泳池、篮球场、慢跑径，或是参加打乒乓等活动都必须遵守邮轮上的相应规则规定，安全第一
8. 船上设有医务室，但是需要收费。不仅如此，船上医务室的医疗条件有限
9. 有慢性病老年病的游客，必须带好带足药品。如有身体不适，立即与船方医务室联系
10. 建议游客根据自身情况购买相应保险

九、邮轮上通信

1. 邮轮上没有免费的网络或Wi-Fi
2. 盛世公主号在公海航行期间，手机仍有信号覆盖。但一旦进入公海，手机信号将会自动转成卫星频道，费用昂贵。如果乘客想使用自己的手机上网，也需要购买Wi-Fi时间

= 注意 =

1. 由于使用海事卫星连接，网速会受影响
2. 建议购买4晚Wi-Fi社交套餐：39.99美元/全程/每个账号（更多套餐请上船咨询船上服务台）

十、邮轮上医疗

1. 具有从医执照的专业医师，提供付费诊疗及出售常用药品（船上医疗中心在4层船尾）
2. 医疗中心值班时间：详见日报具体安排，有24小时急救服务
3. 建议游客根据自身情况自行准备常用药品，如感冒药、退热药、止泻药及慢性病用药等

十一、邮轮上咨询服务

1. 船上服务台
2. 随团的领队及旅游服务台

十二、岸上观光

1. 集合：请各位根据日报上信息在船上指定区域进行集合；不同团号的集合时间和集合地点不同；请勿迟到，以免耽误岸上游行程；具体时间等待领队通知
2. 下船：集合后，请耐心等待工作人员叫号，并有秩序地指定下船口下船；下船须刷船卡，并请携带其他必要的文件。必要的文件如护照复印件、船卡等务必妥善保管，如因遗失造成的任何损失，与旅行社无关

= 特别告知 =

请各位在下岸观光前一天，通过《公主日报》或向领队问询，清楚了解第二天您所在团组的集合时间和地点。每次岸上游集合时间和地点有可能是不一样的。请准时集合，以免耽误同团其他客人的时间。（注意时差的调整）

凡在集合时间迟到15分钟以上者，视作自动放弃当日岸上观光行程（行程不含餐）

＝温馨提示＝

1. 根据实际游览过程中每个景点的人流量，在不影响整体行程内容及标准的情况下，行程顺序可能会做适当调整，敬请谅解

2. 邮轮港口停靠时间和出发时间均为参考时间，具体抵离时间不排除因天气或潮汐原因导致变化，具体以邮轮公司发布的时间为准

十三、岸上游览期间

1. 团队活动或自由活动期间，请密切关注集合时间；邮轮不等人
2. 随时随地注意人身财产安全。船卡是唯一身份标志
3. 适当的着装和鞋袜；如参与水上活动，请自备下水及替换衣物
4. 注意防暑降温及防晒

十四、游览结束后返船

1. 所有游客在开航前至少一个半小时，必须全部返回邮轮
2. 请注意登船所携物品的规定，避免携带违禁物品登船
3. 返回船上须刷船卡，并核对信息和照片（不要错拿别人房卡，否则会影响登船）

十五、回国下船前准备

1. 领取护照：邮轮公司会在离船前一天发还每位客人的护照原件。请留意《公主日志》或邮轮广播相关信息
2. 结账：下船当日，现金结算的客人须带上您的船卡及账单在服务台办理结账
3. 用信用卡结账的客人只需核对账单无误即可
4. 打包托运行李：行程结束前一晚，您的房间将会收到不同颜色号码的行李条，不同颜色的行李条表明下船集合的时间和地点，以及下船后在码头领取行李的区域。将需要提前托运的行李于指定时间前放置于房间外，邮轮公司工作人员将会把您的行李提前运送至码头。行李条上需填写您的房间号及联系方式
5. 提醒：您当晚使用的洗漱用品、隔天下船穿的替换衣物及贵重物品、护照原件请随身携带，请勿托运
6. 集合：下船当日，按《公主日报》上所通知的指定时间、指定地点集合，听从现场安排，依次分批下船
7. 下船所需物件：护照原件、船卡及随身行李（贵重物品请随身携带）
8. 依次刷船卡下船，此卡即赠送给客人留做纪念
9. 提取行李：至托运行李区域提取行李。不同颜色的行李条是区分行李到达码头上的摆放区域
10. 护照等证件不得放在托运行李里

十六、其他

1. 语言环境：部分服务员为中文服务员，其余均为外籍服务员
2. 孕妇和儿童：邮轮不接受怀孕24周以上孕妇及出生少于6个月的婴儿
3. 怀孕24周以内孕妇上船，须提供医生开具的健康准行证明
4. 客房送餐：房内放有送餐清单，客人可根据自己要求选择送餐内容
5. 气候与时差：日本气温与上海相似
6. 日本与中国时差1小时，例：上海15：00＝日本16：00
7. 不可抗力：出于天气、潮汐、灾害等不可抗力原因，邮轮公司有权根据实际情况对行程及港口进行调整。如发生上述紧急情况，请理解和配合

海关政策告知(请旅客务必仔细阅读)

★关于免税额度

海关总署关于进境旅客所携行李物品验放标准有关事宜的公告
(2010年第54号)

为进一步增强海关执法透明度,方便旅客进出境,明确进境旅客行李物品征免税规定,规范和统一海关验放标准,现就有关事项公告如下。

一、进境居民旅客携带在境外获取的个人自用进境物品,总值在5000元人民币以内(含5000元)的;非居民旅客携带拟留在中国境内的个人自用进境物品,总值在2000元人民币以内(含2000元)的,海关予以免税放行。单一品种限自用、合理数量,但烟草制品、酒精制品以及国家规定应当征税的20种商品等另按有关规定办理。

二、进境居民旅客携带超出5000元人民币的个人自用进境物品,经海关审核确属自用的;进境非居民旅客携带拟留在中国境内的个人自用进境物品,超出人民币2000元的,海关仅对超出部分的个人自用进境物品征税,对不可分割的单件物品,全额征税。

三、有关短期内多次来往旅客行李物品征免税规定、验放标准等事项另行规定。

特此公告。

二〇一〇年八月十九日

★关于申报

进出境旅客携带有下面申报单所列的需向海关申报的物品的,应在《申报单》相应栏目内如实填报,在通关时选走申报通道,并将有关物品交海关验核,办理有关手续。

海关申报单样张

扫我,保存我

★关于海关征税

海关总署根据国务院关税税则委员会《关于调整进境物品进口税有关问题的通知》(税委会〔2016〕2号)规定,自2016年4月8日起对进境物品进口税税目税率进行调整。

《中华人民共和国进境物品进口税率表》

税号	物品名称	税率(%)
1	书报、刊物、教育用影视资料;计算机、视频摄录一体机、数字照相机等信息技术产品;食品、饮料;金银;家具;玩具、游戏品;节日或其他娱乐用品	15
2	运动用品(不含高尔夫球及球具)、钓鱼用品;纺织品及其制成品;电视摄像机及其他电器用具;自行车;税目1、3中未包含的其他商品	30
3	烟、酒;贵重首饰及珠宝玉石;高尔夫球及球具;高档手表;化妆品	60

注:税目3所列商品的具体范围与消费税征收范围一致

★关于免税烟酒限量

《海关总署令第58号》规定:香港、澳门地区居民及因私往来香港、澳门地区的内地居民,免税香烟200支,或雪茄50支,或烟丝250克;免税12度以上酒精饮料限1瓶(0.75升以下)。其他旅客,免税香烟400支,或雪茄100支,或烟丝500克;免税12度以上酒精饮料限2瓶(1.5升以下)。对不满16周岁者,不享受上述免税额度。

★关于国家规定应当征税的20种商品

《海关总署公告2004年第7号》规定:根据《财政部关于重新明确不予减免税的20种商品税号范围的通知》(财关税〔2004〕6号),对电视机、摄像机、录像机、放像机、音响设备、空调器、电冰箱(电冰柜)、洗衣机、照相机、复印机、程控电话交换机、微型计算机及外设、电话机、无线寻呼系统、传真机、电子计数器、打字机及文字处理机、数码相机、数码复印机、IC卡读入器、闪烁存储器、移动硬盘和网络摄像头、家具、灯具和餐料等20种商品进口时,应严格按照《中华人民共和国进出口税则》税号进行认定,并征收进口关税和进口环节增值税。

★关于货币现钞限量

中国公民出入境、外国人入出境每人每次携带的人民币限额为20000元。

出境人员携带不超过等值5000美元(含5000美元)的外币现钞出境的,海关予以放行;携带外币现钞金额在等值5000美元以上至10000美元(含10000美元)的,应向外汇指定银行申领《携带证》,携带超过等值10000美元的外币现钞出境,应向外汇局申领《携带证》。

岸上游行程:(略)结束行程后返回港码头。

实训练习

练习29:角色扮演

小组角色扮演,模拟组织出境游行前说明会,并写出对话过程。

_____

_____

练习30:收集行前通知单

收集不同旅行社旅游产品的行前通知单,寻找之间的差异。

项目五 售后服务

实训 14：客户回访

客户回访,是用来进行产品或服务满意度调查、客户消费行为调查,维系客户的常用方法,是旅行社在客户消费旅游产品之后,通过电话回访、登门拜访、发放问卷、网站留言、意见箱等多种形式和渠道与客户沟通交流的方式。旅行社既可以通过回访获得客户的各种反馈信息,改进服务工作,也能够让客户感受到旅行社对自己的尊重。

实训准备

①按要求着装。
②必要的办公用品:连接网络的电脑,固定电话机,记录单,水笔。

实训目标

①知道客户回访的概念和意义。
②掌握客户回访的流程和对话要求。

实训任务

这几日,陆续有团队归来,听导游说在旅游过程中发生了不少情况。作为门市工作人员的小陈,及时对游客进行了回访,了解游客的旅游体验和想法。

知识加油站

知识 26：客户回访

主要包括确认行程安排相符情况、对行程安排的满意度、对导游等服务人员的满意度、建议和意见、旅游消费偏好、表达旅行社的谢意和进一步沟通联络的意愿等内容。

旅行社每次实施调查所确定的范围、数量,应确保具有代表性,按调查目的和重点设置调查项目。应便于接受调查者表述真实的感受。

调查的事项通常应反映:
①对旅行社的期望。
②总体质量感知:对旅行社服务质量的评价;对导游服务的评价;对交通服务的评价;对餐饮质量的评价;对宾馆质量的评价;对地接服务的评价;对客服人员服务的评价。
③游客满意度(总体印象和感受)。
④本次旅游的性价比。
⑤游客抱怨投诉:是否有投诉;对投诉处理的结果。
⑥游客忠诚度:以后会经常光顾本旅行社,会介绍亲友光顾。

表1　××国际旅行社有限公司服务对象满意度调查表

单位名称		出游时间/旅游景点	
电话/传真		联系人	

尊敬的女士/先生：
　　首先感谢您对本公司的信任和支持。为持续改进我们的工作，请对我们的服务质量进行评价（在下表的相应栏目内打分），留下您宝贵的意见和建议，谢谢！

一、您对旅行社期望的服务质量	低 1 2 3 4 5 6 7 8 9 10 很 高
二、您对旅行社社服务质量的评价	
1. 您对游程的安排	不满意 1 2 3 4 5 6 7 8 9 10 很满意
2. 对本次景点的选择	不满意 1 2 3 4 5 6 7 8 9 10 很满意
3. 行程通知的及时性	不满意 1 2 3 4 5 6 7 8 9 10 很满意
4. 对行程手册的内容	不满意 1 2 3 4 5 6 7 8 9 10 很满意
5. 接送团队安排	不满意 1 2 3 4 5 6 7 8 9 10 很满意
6. 服务承诺履行程度	不满意 1 2 3 4 5 6 7 8 9 10 很满意
7. 与地接配合程度	不满意 1 2 3 4 5 6 7 8 9 10 很满意
8. 对特殊服务的提供	不满意 1 2 3 4 5 6 7 8 9 10 很满意
9. 您认为上述服务需改进的地方	
三、您对本社本次导游服务的评价	
1. 导游的服饰仪表	不满意 1 2 3 4 5 6 7 8 9 10 很满意
2. 法规意识和职业道德	不满意 1 2 3 4 5 6 7 8 9 10 很满意
3. 解说能力	不满意 1 2 3 4 5 6 7 8 9 10 很满意
4. 服务态度	不满意 1 2 3 4 5 6 7 8 9 10 很满意
5. 沟通协调能力	不满意 1 2 3 4 5 6 7 8 9 10 很满意
6. 应急处理能力	不满意 1 2 3 4 5 6 7 8 9 10 很满意
7. 游程安排的执行程度	不满意 1 2 3 4 5 6 7 8 9 10 很满意
8. 您认为上述服务需改进的地方	
四、对交通服务的评价（本社汽车出游）	
1. 车容车貌	不满意 1 2 3 4 5 6 7 8 9 10 很满意
2. 对车厢内设施	不满意 1 2 3 4 5 6 7 8 9 10 很满意
3. 驾驶员的服务态度	不满意 1 2 3 4 5 6 7 8 9 10 很满意
4. 驾驶员驾驶水平	不满意 1 2 3 4 5 6 7 8 9 10 很满意
5. 驾驶员线路的熟悉程度	不满意 1 2 3 4 5 6 7 8 9 10 很满意
6. 车贴的清晰程度	不满意 1 2 3 4 5 6 7 8 9 10 很满意
7. 您认为上述服务需改进的地方	
五、对餐饮质量的评价（如无此项目，可跳过不填）	
1. 就餐点食品卫生	不满意 1 2 3 4 5 6 7 8 9 10 很满意
2. 就餐环境	不满意 1 2 3 4 5 6 7 8 9 10 很满意
3. 菜品质量	不满意 1 2 3 4 5 6 7 8 9 10 很满意
4. 菜品口味及特色	不满意 1 2 3 4 5 6 7 8 9 10 很满意
5. 您认为上述服务需改进的地方	
六、对宾馆质量的评价	
1. 客房星级与合同承诺的一致性	不满意 1 2 3 4 5 6 7 8 9 10 很满意
2. 宾馆人员服务质量	不满意 1 2 3 4 5 6 7 8 9 10 很满意
3. 房间的安全性	不满意 1 2 3 4 5 6 7 8 9 10 很满意
4. 房间的卫生情况	不满意 1 2 3 4 5 6 7 8 9 10 很满意
5. 您认为上述服务需改进的地方	
七、对地接服务的评价（如无此项目，可跳过不填）	
1. 游程的安排	不满意 1 2 3 4 5 6 7 8 9 10 很满意
2. 景点的安排	不满意 1 2 3 4 5 6 7 8 9 10 很满意
3. 地接导游的服务态度	不满意 1 2 3 4 5 6 7 8 9 10 很满意
4. 地接导游的解说能力	不满意 1 2 3 4 5 6 7 8 9 10 很满意
5. 地接导游应急能力	不满意 1 2 3 4 5 6 7 8 9 10 很满意

续表

6. 宾馆的安排	不满意 1 2 3 4 5 6 7 8 9 10 很满意
7. 交通车辆的安排	不满意 1 2 3 4 5 6 7 8 9 10 很满意
8. 餐饮的安排	不满意 1 2 3 4 5 6 7 8 9 10 很满意
9. 购物的安排	不满意 1 2 3 4 5 6 7 8 9 10 很满意
10. 您认为上述服务需改进的地方	
八、客服人员的服务	
1. 客服人员的服务速度	不满意 1 2 3 4 5 6 7 8 9 10 很满意
2. 客服人员的服务态度	不满意 1 2 3 4 5 6 7 8 9 10 很满意
3. 客服人员服务的专业度	不满意 1 2 3 4 5 6 7 8 9 10 很满意
4. 交代注意事项周密无疏漏	不满意 1 2 3 4 5 6 7 8 9 10 很满意
5. 在出游途中，客服人员是否有通过短信或电话进行质量跟踪服务	有□　　　没有□
6. 您认为上述服务需改进的地方	
九、游客满意	
1. 通过本次旅游对旅行社的总体印象	不满意 1 2 3 4 5 6 7 8 9 10 很满意
2. 与其他旅行社相比您对我旅行社	不满意 1 2 3 4 5 6 7 8 9 10 很满意
十、您觉得本次旅游的性价比	不满意 1 2 3 4 5 6 7 8 9 10 很满意
十一、投诉处理方面	
1. 您对旅行社有过投诉吗？	有投诉过□　　　没有投诉过□
您对投诉处理的结果	不满意 1 2 3 4 5 6 7 8 9 10 很满意
您投诉主要针对哪些方面　　　　　　　　　价格□	行程□　　购物□　　自费项目□
2. 您以后还会经常光顾我旅行社吗？	会的□　　不一定□　　不会□
3. 您会介绍您的亲友光顾吗？	会的□　　不一定□　　不会□
十二、请您对旅行社提出宝贵的意见或建议：	

调查表电子版在这里

所需技能

技能 24：电话客户回访

通常，门市客服回访客户主要有两种方式：登门拜访和打电话回访。对于大部分普通散客而言，通常采用电话、网页等简便的方式开展。

电话回访步骤如下：

（1）电话接通后

①应先说明自己的身份："您好！我是××旅行社××，打扰您了。"

②应有客气语：打扰您几分钟，可以吗？

③应该简单明了地说明打电话的目的。

④对沟通比较好的客户结束语：谢谢您！您如有需求，可以随时打电话找我，我的电话是××。那我们先聊到这里，与您聊天真是开心，希望能为您服务，祝您工作顺利、身体健康。

（2）每次通话做好详细的记录

①电话号码

②客户的姓（能得到全名更好）
③客户的工作性质
④客户的态度及问题
⑤如何进行解答与沟通的
⑥日期及通话时间长度
⑦下次准备电话沟通的时间

（3）常用标准表述

①您好，我是××旅行社的门市客服代表，想耽误您2分钟时间，请您对我们的服务做个评价，可以吗？
②不好意思，打扰您了，这样吧，我过半小时后再联系您。
③非常感谢您对我们工作的支持。
④您曾经向我们反映的××问题，我们已经进行了仔细的核查，我想给您解释一下……
⑤您还有什么意见或建议，欢迎您再次拨打我们的客服热线。
⑥很抱歉，我们再核实一下后尽快答复您，好吗？
⑦不好意思，您反映的问题我们必须通过有关部门核查后才能答复的，希望您能谅解。
⑧是我没说清楚，我再给您解释一下，好吗？
⑨不用谢，这是我们应该做的，谢谢您对我们工作的支持。
⑩抱歉，您说的问题已经超出了我们服务的范围，恐怕我们不能为您解决了，请您谅解好吗？
⑪有关这个问题，建议您向××部门直接反映，我们也会通过相关途径为您反映的。

（4）后续跟进

对于在回访过程中客户提出的各类需求或者投诉，门市应第一时间予以登记并提交相关部门，在规定的时间节点内给予客户答复。如不能及时答复，应致电客人表示歉意并定期沟通进展情况。

实训练习

练习31：游客回访情景问答

根据所给的情景，选择适合的时间，对游客进行回访。要求：两两组合，完成一次回访对话。

① 2017年12月20~24日，某单位组织员工参加海南五日双飞游，客人领队为杨总，飞机于晚上23:00抵达上海浦东机场。

你确定什么时间回访？

你打电话过去时，杨总说"我正在休息"，你怎么回答？

_____
_____

② 2018年1月22~23日，某区区政府组织各机关领导参观江苏华西村，客人领队为区政府办公室主任林女士。

问题一：你确定什么时候回访。

问题二：对方回复，我正在开会，现在没空。你怎么做？

_____
_____

③资料：2月23~24日，区某单位职员参加杭州两日游活动，行程于2月24日结束，客户领队为刘总。

请根据上述资料对客户进行电话回访。

_____

_____

④二人一组，一位为客户，一位为旅行社门市人员。十一月教育局的教师奖励旅游团结束，你作为旅行社接待人员对教育局的负责人进行回访。

第一种情境：游客同意了你的回访，并与你交谈，谈了此次旅行的感受，并提出建议。

第二种情境：游客很忙，无法接受你的回访，你建议他给你个方便的时间。

_____

_____

实训 15：投诉处理

旅游投诉，是指游客对旅行社的咨询服务及旅游活动中对线路、产品质量或服务品质不满意，而提出书面或口头上的异议、抗议，并要求得到相应的社会补偿的一种手段。

实训准备

（1）按要求着装。
（2）准备必要的办公用品：连接网络的电脑，固定电话机，记录单，水笔。

实训目标

①掌握接到投诉的处理步骤。
②知道常见的游客投诉内容。
③知道如何与不同投诉情况下的游客交流的方法。

实训任务

旅游团队回来后，小陈得知在旅游过程中发生了许多问题，许多游客打来电话说要投诉。

知识加油站

知识 27：游客投诉

（1）投诉原因划分

①对服务态度的投诉：游客对导游服务态度的投诉主要包括粗鲁的语言，不负责任的答复或行为，冷冰冰的态度，若无其事、爱理不理的接待方式，待客不主动、不热情，不注意语言修养，冲撞客人，挖苦、辱骂游客。

②对服务质量的投诉：游客对服务质量的投诉一般包括导游没有按客人要求提供服务，不尊重客人的风俗，忘记或搞错了游客交办的事情，损坏、遗失游客的物品等。

③对异常事件的投诉：带团过程中发生治安、火灾、食品安全、人身意外、物品丢失损毁等情况引起的投诉，要求导游人员尽量在力所能及的范围内帮助解决，作好解释、协调及善后处理工作。

（2）投诉处理步骤

口头投诉

①对待任何一位游客的投诉，都要认真、耐心，表现出高度负责的态度，代表旅行社向客人表示歉意与感谢。

②注意倾听游客的投诉（发生的时间、地点、经过、涉及人员等），并及时填写游客意见表。

③在听取游客意见时，避免怀有敌视情绪或与游客争论，对游客的遭遇应适时地表示理解并不失时机地表示歉意，让游客感到旅行社的重视、善意并且尽力帮助解决问题的诚意。

④在听取游客投诉时，要保持头脑冷静，在没有查明事件原因及经过的情况下，不可随便代表旅行社承担责任，待弄清事情原委后，再做出判断。

⑤与有关部门联系，对游客投诉的事件进行调查处理，把将要采取的措施及所需要的时间告知游客并征求游客的同意。

⑥恰到好处地回答游客的疑问，如有可能，给游客提供几种选择的机会。

⑦对超过权限或解决不了的问题，要及时与上级联系以得到指令，不能无把握、无根据地向游客提出任何保证，以免妨碍事务的进一步处理。

⑧将游客的投诉意见及时通知有关部门，使问题得到及时妥善的解决。

⑨及时采取补救措施，如物质补偿、写致歉信等，使游客感到旅行社的诚意，变不满意为满意。

⑩将游客的投诉及处理经过详细记录在案，加强培训，避免类似情况重复出现。

书面投诉

①认真阅读游客投诉信件，了解客人不满之处。

②查阅客史档案，掌握有关情况。

③约见被投诉人，了解事情具体情况。

（3）注意事项

旅行社在处理投诉的过程中，不仅要考虑到相关的法律法规、合同等基础要素，也要考虑到游客的感受、保护投诉者隐私等相关要素。毕竟，处理投诉不同于法官判案，客户才是企业的价值源泉。

①以法律为基础：法律、法规、规章、合同中已做出规定的，从其规定。但也要考虑到如何更有利于维护客户关系。以双方认为合理为标准，以客户满意为目标，与客户达成适当的投诉处理方案。

②保护投诉者的隐私：客人向组团社投诉地接社后，组团社可能会将客人提出的地接服务质量问题及客人信息直接反馈给地接社，地接社知道投诉者的姓名和相关联系方式后，可能会打电话给投诉者，希望私下解决，或者电话、短信骚扰投诉者，这将招致进一步的投诉。投诉者的个人信息应仅限于企业内部处理投诉，除非客户或投诉者表示可以公开，否则不能公开。

③旅行社高层何时出面：对于社会地位较高的投诉者，出于对等原则及为旅行社营造良好社会关系的目的，旅行社高层可以适当出面，如致电、拜访等。对于其他投诉，如果投诉者要求见旅行社高层，可先由职能部门负责人出面处理。对确实需要安排高层与客户见面的情况，高层应着重谈宏观原则，不宜深入投诉细节，并可当场指定跟进人员，后续事务由该员工处理。这些安排的目的是为了给处理投诉留下回旋余地，避免投诉僵局的发生。

④要考虑合作伙伴的利益：无论是组团社还是地接社，当遇到旅游者投诉后，在合理的范围内也要考虑到合作伙伴的利益。不能随意以服务质量不达标为由，扣押地接团款。

所需技能

技能 25：掌握接待投诉技巧

（1）一次到位法：游客投诉时，绝不能说："不、不懂、不行、不对、不会、不知道、不是我管的"，而要实行"一次到位法"，即游客的问题在你这里一次性得到解决，绝不能以不是自己部门的事为由互相推诿。如遇自己解决不了的事，应婉转地请游客稍等，同时立即向上级部门询问，给游客满意的答复。

表2 ××国际旅行社有限公司旅游投诉处理记录台账

一、基本信息			
团　　号		出游单位	
领队姓名		领队电话	
导游姓名		导游电话	
地接社名称		联系人姓名及电话	
二、投诉记录			
投诉人：姓名　　　性别　　　联系方式			
有效证件及号码			
接待人：姓名　　　性别　　　联系方式			
投诉事由： 签字：			
投诉诉求： 签字：			
处理经过： 签字：			
处理结果： 签字：			

制表：　　　　　复核：　　　　　审批：

（2）承认投诉的事实，认真听取意见：为了更好了解游客所反映的情况，必须认真听取客人陈述，使客人感到管理者十分重视他的问题。倾听者要注视客人，不时点头，并附合："我理解，我明白，我们一定认真处理这件事情！"可以不时地用自己的语言重复游客的投诉或抱怨的内容，并做一些记录，以示对游客的尊重及对反映问题的重视。

（3）保持冷静：不要反驳游客的意见，不要与游客争辩，为了不影响其他游客，最好个别听取客人的投诉，私下交谈容易使游客平静。

（4）表示同情和歉意：要不时地表示对游客的同情，如："我们非常遗憾！非常抱歉听到此事！谢谢您告诉我们这件事！发生这类事件，我们感到很遗憾！我完全理解您的心情。"如果游客投诉的事情属实，要给予一定的补偿，这时就要向客人表示歉意，并说：我们非常抱歉，先生（女士），我们将对此事负责，感谢您给我们弥补过错的机会！

（5）同意游客要求，决定采取措施，给予足够的关心。当游客的抱怨和投诉属实，要表示同情和理解。当决定采取行动纠正错误时，一定要让游客知道并同意。

（6）如果游客不知道或不同意处理决定，就不要盲目采取行动。要十分有礼貌地通知游客将要采取的措施，并尽可能让游客同意，这样才有机会使游客的抱怨变为满意，并使游客产生感激的心情。

第一，不转移目标。

第二，把注意力集中在游客提出的问题上，不随便引申，不嫁罪于人，不推卸责任，绝不能怪罪游客。

第三，记录要点：把游客投诉的要点记录下来，这样不但可以使游客讲话的速度放慢，缓和游客的情绪，还可以使游客确信，公司对其所反映的问题是重视的。此外，记录的资料可以作为解决问题的根据。

第四，快速采取行动，补偿游客损失。当游客完全同意我们所采取的改进措施时，就要立即行动，一定不能拖延时间。耽误时间只能进一步引起游客不满。此时，时间和效率就是对游客最大的尊重，也是游客最大的需求。

第五，要落实、监督、检查补偿游客投诉的具体措施。首先，要确保改进措施进展顺利；其次，要使服务水准处在最佳状态；最后，电话回访或当面拜访游客，询问其满意度。

拓展提高

拓展 17：投诉处理办法

学习阅读国家旅游局 2010 年 5 月 5 日颁布的《旅游投诉处理办法》

扫我
让我做您身边的法律小秘书

实训练习

练习 32：接待投诉对话练习

补充对话，并两两组合。

客服：

客人：投诉！

客服：
客人：就上个礼拜，参加你们的香港游，说是住的都是四星级酒店，根本就不是。
客服：
客人：你看，这是证据，我都拍了照的。
客服：
客人：维多利亚港酒店，住了2天。
客服：
客人：导游说是你们订的酒店就是这个维多利亚港酒店，不是丽晶。
客服：
客人：快点给我处理啊。
客服：

练习33：判断客户投诉内容

从客户的对话中，能判断客户投诉的内容是什么？

我腿都这样了，你们得赔啊。我们一早就上了客车，说是去泸沽湖的。那条山路真是烂啊，一段水泥路，一段石子路，一段又是柏油路，干吗不修修好。车开在上面颠得不行，居然还有塌方，都是泥，这叫人怎么放心啊。司机也真是的，不知道开车，那么大的客车居然开在这样的路上。你看看（拿出手机），就是这样的路啊。我们是在这个转弯处出的事故，我当时也不知道发生什么事情，反正一下子车就倒了，然后我被压在座位下面。

后 记

  本教材将旅行社门市服务工作分为门市认知、咨询接待、产品推介、手续办理、售后服务五个学习项目。每个项目下面分别安排两三个实训内容，每个实训内容设计了实训准备、实训目标、知识加油站、所需技能、拓展提高和实训练习七个教学环节。通过全真模拟旅行社工作场景，在33个实训练习、27个知识点总结、25项技能训练和17个专业拓展中，为教材使用者提供了最贴合现实的教学情境。教材中所涉及的旅行社资料均为真实案例，实操性很强，适合读者开展自主训练。

  教学设计与工作场景无缝对接，实训内容丰富，拓展知识完备。读者可在真实的任务下进行练习，能有效培养学生的语言能力、办理手续的能力、信息记录的能力。通过训练，能大大缩短受训者上岗后的适应期，真正实现校企零距离对接。

  本书由上海工商信息学校谢俊琳担任主编，该校梅春兰、陈坚敏，上海景泰国际旅行社曾秋红、范佳任副主编。本书可作为旅行社门市服务工作的实训用书，也可作为行业技能培训和从业者上岗自学用书。

  本书的编写是一次尝试，由于编者的编写水平有限，难免会有一些不足，敬请读者不吝指正。

编 者

策　　划：景晓莉
责任编辑：景晓莉

图书在版编目（CIP）数据

旅行社门市服务实训教程 ／ 谢俊琳等主编． -- 北京：旅游教育出版社，2019.3
　ISBN 978-7-5637-3901-1

　Ⅰ．①旅… Ⅱ．①谢… Ⅲ．①旅行社－旅游服务－教材 Ⅳ．①F590.63

中国版本图书馆CIP数据核字(2019)第032319号

旅行社门市服务实训教程

谢俊琳　主编

出版单位	旅游教育出版社
地　　址	北京市朝阳区定福庄南里1号
邮　　编	100024
发行电话	（010）65778403　65728372　65767462（传真）
本社网址	www.tepcb.com
E - mail	tepfx@163.com
排版单位	北京旅教文化传播有限公司
印刷单位	北京柏力行彩印有限公司
经销单位	新华书店
开　　本	787毫米×1092毫米　1/16
印　　张	6
字　　数	128千字
版　　次	2019年3月第1版
印　　次	2019年3月第1次印刷
印　　数	3000
定　　价	25.00元

（图书如有装订差错请与发行部联系）